AF411273

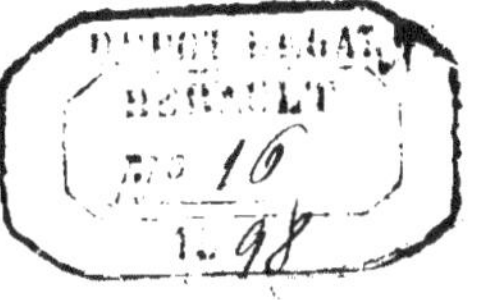

ÉTUDE D'HISTOIRE ECCLÉSIASTIQUE

RAYMOND
DE DURFORT

ÉVÊQUE D'AVRANCHES ET DE MONTPELLIER
ARCHEVÊQUE DE BESANÇON

PAR

LE CHANOINE F. SAUREL

OFFICIER DE L'INSTRUCTION PUBLIQUE
CORRESPONDANT DU MINISTÈRE

<table>
<tr><td>MONTPELLIER
ET
LE DÉPARTEMENT DE L'HÉRAULT
Chez tous les libraires</td><td>PARIS
H. CHAMPION, LIBRAIRE
SPÉCIAL POUR L'HISTOIRE DE FRANCE
9, Quai Voltaire</td></tr>
</table>

M DCCC LXXXXVIII

RAYMOND
DE DURFORT

MONTPELLIER. — IMPRIMERIE CHARLES BOEHM.

RAYMOND
DE DURFORT

ÉVÊQUE D'AVRANCHES ET DE MONTPELLIER
ARCHEVÊQUE DE BESANÇON

PAR

Le Chanoine F. SAUREL

OFFICIER DE L'INSTRUCTION PUBLIQUE
CORRESPONDANT DU MINISTÈRE

<table>
<tr><td align="center">MONTPELLIER
ET
LE Département de l'Hérault
Chez tous les libraires</td><td align="center">PARIS
H. CHAMPION, Libraire
SPÉCIAL POUR L'HISTOIRE DE FRANCE
9, Quai Voltaire</td></tr>
</table>

M DCCC LXXXXVIII

APPROBATIONS

Lettre de Monseigneur de Rovérié de Cabrières
Évêque de Montpellier

ÉVÊCHÉ
DE
MONTPELLIER

Montpellier, le 24 novembre 1897.
En la fête de Saint Jean de la Croix.

Cher Monsieur le Chanoine,

Ce ne serait pas assez de vous appliquer l'axiome latin : *Nulla dies sine lineá;* il faudrait presque dire : *Nullus annus sine libro!* Après vos doctes études sur la vie de Mgr *Marie-Nicolas Fournier* et sur l'*Histoire religieuse du département de l'Hérault pendant la Révolution, le Consulat et les premières années de l'Empire*, voici un travail de consciencieuse érudition sur Mgr *Raymond de Durfort*, évêque d'Avranches, puis de Montpellier et enfin archevêque de Besançon. C'est le cadeau précieux que vous avez voulu offrir au Chapitre de la Basilique-Cathédrale, pour le remercier d'avoir accueilli votre nomination de Chanoine titulaire avec une sympathie si marquée et si unanime. Je suis certain que vos Confrères s'accoutumeraient aisément à voir chaque nouvel élu, admis dans le sein de leur assemblée, acquitter la dette de sa gratitude par la publication d'une savante étude sur quelques-uns des personnages ou des faits les plus considérables de l'histoire diocésaine.

Pour moi, je vous remercie d'avoir peint avec tant de

soin et de fidélité la noble physionomie d'un Evêque, justement honoré dans nos contrées, et dont le souvenir vit encore dans la mémoire reconnaissante du Clergé de Franche-Comté.

Lorsque j'étais enfant, j'ai été souvent béni, chez mes parents, par le grand-vicaire de Mgr de Durfort ; c'était Mgr de Chaffoy, formé auprès de son Archevêque aux plus hautes comme aux plus aimables vertus.

En cette fin de siècle, où tant de choses du passé achèvent de mourir et de disparaître, vous avez bien fait d'exposer encore à nos regards l'image majestueuse de l'un de ces Prélats, que l'ancien Clergé de France pouvait montrer comme un modèle achevé de grandeur d'âme, de désintéressement et de fidélité. A l'exemple de saint Paul, ces grands seigneurs avaient su posséder d'opulentes richesses, sans s'y attacher ; ils ont su soutenir, sans faiblesse, l'épreuve de la pauvreté et de la persécution : *Scio abundare scio et esurire !*

Que Dieu nous accorde la grâce de ressembler à nos Pères et d'être, comme eux, sinon les martyrs, au moins les confesseurs de la vraie foi !

Je suis, en Notre-Seigneur, cher Monsieur le Chanoine, votre serviteur dévoué, reconnaissant et respectueux.

† Fr.-Marie-Anatole, Evêque de Montpellier.

A Monsieur le Chanoine Ferdinand SAUREL
(Doctissimo, piissimo et optimo Viro, de Ecclesià benè merito)

Montpellier.

A MESSIEURS LES CHANOINES

DU VÉNÉRABLE CHAPITRE DE LA BASILIQUE CATHÉDRALE SAINT-PIERRE, DE MONTPELLIER[1].

MESSIEURS ET VÉNÉRÉS CONFRÈRES,

L'illustre Pontife, que nous environnons tous de notre amour et de notre admiration, veut bien me permettre de vous dédier la biographie d'un de ses prédécesseurs sur le siège épiscopal de Montpellier.

Déjà, sous ses yeux et avec ses encouragements, j'avais entrepris ce nouveau travail, lorsque Monseigneur de Cabrières m'écrivait, à la date du 24 février 1896 : « Votre plume, loin de se lasser, est prête, je le sais, à tracer encore d'autres pages aussi documentées, aussi intéressantes que leurs aînées, et destinées comme elles à servir la cause de la Religion, en même temps que celle d'un patriotisme éclairé. »

[1] **MM.** Canonge, *Vicaire général, Doyen et Président du Chœur;* Douais, *Vicaire général, Vice-Président du Chœur;* L. Reynier, Rédier, Cavalier, Pépin, Gaubert, R. Falgueirettes, Balp. Gervais, *Archiprêtre,* Verdier, *Supérieur du Grand-Séminaire.*

Puis, Sa Grandeur ajoutait : « Entrez donc avec honneur et pour notre pleine satisfaction dans le vénérable Chapitre de notre Basilique Cathédrale, en qualité de Chanoine titulaire. Vous y rencontrerez autant d'amis que de confrères ».

Ces bienveillantes paroles, vous avez daigné les réaliser, Messieurs les Chanoines, et vous m'avez honoré de vos fraternelles sympathies. Je tiens à vous en remercier publiquement et à vous fournir une preuve non équivoque de mes sentiments de gratitude et d'affectueux dévouement. C'est dans cette pensée que je vous fais hommage de la biographie de Monseigneur Raymond de Durfort, dont le souvenir est encore vivant à Montpellier.

La lecture de ces pages, je l'espère, ne sera pas sans intérêt pour vous, Messieurs et vénérés Confrères. Elle vous rappellera les vertus, la science, le zèle, les travaux d'un de nos saints Evêques, la valeur de l'ancien Clergé de Montpellier et en particulier l'attachement inviolable des Chanoines, nos prédécesseurs, à la foi de la sainte Eglise catholique, apostolique et romaine.

Je suis, avec un respectueux attachement,

    Messieurs et vénérés Confrères,

      Votre très humble et très obéissant serviteur,

        F. SAUREL, *chanoine.*

Montpellier, le 16 novembre 1897.

PRÉFACE

En publiant le premier volume de notre *Histoire reli-gieuse du département de l'Hérault pendant la Révolution,* nous avions annoncé l'intention de parler de Raymond de Durfort. Nous voulions compléter, en quelque sorte, le tableau des événements accomplis dans notre circonscription ecclésiastique durant une période presque séculaire. L'étroitesse du cadre dans lequel nous avions à nous mouvoir ne nous permit pas de donner à cette intéressante étude les développements qu'elle comportait, et nous dûmes aviser à un autre mode d'exécution. Nous primes alors le parti de consacrer à l'illustre évêque une monographie spéciale, et nous manifestâmes notre dessein à la fin de notre quatrième et dernier volume, relatif au *Consulat et aux premières années de l'Empire.* C'est cette pensée que nous réalisons aujourd'hui par la présente publication.

Nous avons en cela suivi les conseils d'un érudit pour lequel nous professons la plus respectueuse estime et l'attachement le plus sincère, M. Frédéric Fabrège, propriétaire et historien de Maguelone. Qu'il veuille bien nous permettre de lui offrir ici l'expression de notre gratitude.

Nous devons également des remerciements à notre ami M. Louis de La Roque, pour son bienveillant concours. Il nous a fourni de précieuses indications particulières. Mais là ne s'est point borné son désir de nous venir en aide dans la tâche que nous nous étions bénévolement imposée. Il a poussé l'amabilité jusqu'à publier, tout exprès pour nous, sur la grande famille des Durfort une série d'articles dans le *Bulletin héraldique de France, Revue historique de la Noblesse*[1]. Nous y avons largement puisé, comme nous appartenant en propre.

M. Jos. Berthelé, Archiviste du département de l'Hérault et chargé de la haute direction de nos Archives municipales, récemment décoré du titre d'Officier de l'Instruction publique, a été pour nous d'une bonté que nous ne saurions passer sous silence. Il est sans nul doute coutumier du fait avec les travailleurs qui fréquentent ses riches collections ; mais il n'en a pas moins droit à notre vive reconnaissance.

Nous devons encore un souvenir affectueux à M. Jules Gauthier, Archiviste du département du Doubs, pour les recherches auxquelles il s'est livré à notre intention, et pour les documents qu'il a bien voulu nous envoyer.

N'oublions pas M. Ernest Fages, l'un des administrateurs de l'Œuvre charitable du Prêt gratuit, de Montpellier. Mettant à profit ses relations amicales avec M. E. Gigot, ancien préfet de Vaucluse, devenu préfet du Doubs, il obtint par son entremise du cardinal Matthieu (1874) une bonne copie du portrait de R. de Durfort, conservé à l'archevêché de Besançon, et, avant de l'offrir au Prêt gratuit, il en prit lui-même une photographie, dont il a bien voulu nous donner le cliché, nous permettant d'en faire usage pour la présente publication.

---

[1] Voir les n°* d'août, septembre, octobre, novembre et décembre 1895.

INDICATION DES PRINCIPALES SOURCES OU NOUS AVONS PUISÉ

1° *Manuscrits.*

Aux Archives du département de l'Hérault. — Fonds de l'Intendance.— *Etat des sommes payées pour les Missions du Diocèse de Montpellier, depuis le 1er janvier 1738 jusqu'en 1784 inclusivement.* — *Dossier de la Miséricorde de Montpellier.* — Fonds de l'Évêché de Montpellier. — *Regis'res du Greffe des Insinuations ecclésiastiques.* 24e Reg.— *Reg. des Visites du Diocèse.*— *Reg. pour la signature du Formulaire dans le Dioc. de Montpellier.* — *Reg. de la nomination des Prédicateurs,* de 1739 à 1771. — *Reg. des Bénéfices* (collection).

Aux Archives municipales de Montpellier. — *Reg. du Cérémonial consulaire,* n°s VIII et IX. — *Reg. de Catholicité de la paroisse Saint-Pierre.*

Aux Archives du département du Doubs.

Aux Archives du Prêt-Gratuit de Montpellier.

Aux Archives des Pénitents-Bleus de Montp. — *Reg. des Délib.,* n°s 7 et 8.

Aux Archives des Pénitents-Blancs de Montp. — *Reg. des Délib.,* n°s 10 et 11.

A la Biblioth. du Grand Sémin. de Montp. — *Bréviaire Missel et Rituel, à l'usage du Dioc. de Montp.,*4 vol. in-f°.

A l'étude de Me Galibert, not. à Montp. *Protocoles de Granier, not. royal et apost.*

A la biblioth. de M. le chanoine Lazaire. — *Relation de la Fête célébrée à la Visitation, le 14 janvier 1769.*— *Lettre de sœur Marie Félicité Journet,* 14 mai 1770.

2° *Ouvrages Imprimés.*

D'Aigrefeuille, *Histoire de Montpellier,*continuée par M.de La Pijardière, tom. IV.

D'Aigrefeuille, *Hist. civile et Hist. relig. de Montpellier. Almanach royal* (collection).

Besson, *Oraison funèbre de Mgr de Durfort.*

Creuzé de Lessert, *Statistique du dép. de l'Hérault.* Montpellier, A. Ricard, 1824, in-4°.

Mémoires de Delort (continués par Giroud), 2 vol. in-8°.

Fisquet, *La France Pontificale*.

Gariel, *Series præsulum*.

L. de la Roque, *l e Bulletin héraldique de France*, ou *Revue historique de la Noblesse*. Paris, quai des Orfèvres, 56. — *Biographie Montpelliéraine, Les Évêques de Maguelone et de Montpellier*.

Mandon, *Hist. du Prêt-gratuit de Montpellier*. Montpellier. Martel, 1892, in-8°.

L'Abbé Maubon, *Les Livres liturgiques du Diocèse de Montpellier*. G. Firmin et Montane, 1895, in-8°.

Les Nouvelles Ecclésiastiques (Journal janséniste).

Office pour la Fête des Miracles de N.-D. des Tables. Montpellier, Tournel, 1772, in-12.

Office (Vinas). Montpellier, F. Seguin, 1858 in-12.

Procès-verbaux des Délibérations des Etats de Langue loc de 1766 à 1774.

Propre du Diocèse de Montpellier (par Villebrun).

Sainte-Marthe, *Gallia Christiana*.

Sauzay, *Hist. de la Persécution révolutionnaire dans le département du Doubs*. Besançon, Turbergue, 1867, in-12.

L'abbé Sicard, *Les Évêques avant la Révolution*. Paris, Victor Lecoffre, 1894, in-8°.

J.-P. Thomas, *Mém. hist. sur Montp llier*.

DÉCLARATION DE L'AUTEUR.

Conformément aux décrets du pape Urbain VIII, nous déclarons que, dans la qualification de *Vénérable*, de *Bienheureux* ou de *Saint*, donnée par nous à celui dont nous allons parler, nous ne voulons en aucune manière prévenir le jugement de l'Eglise, à laquelle nous soumettons avec respect et sans aucune réserve nos opinions et nos écrits.

sacré evêque d'Avranches le 8
ARCHEVÊQUE de BESANÇON

RAYMOND DE DURFORT

ÉVÊQUE D'AVRANCHES ET DE MONTPELLIER, ARCEHVÊQUE DE BESANÇON

CHAPITRE PREMIER

SOMMAIRE. — I. Naissance de Raymond de Durfort. Sa famille. Ses études. Il embrasse l'état ecclésiastique et reçoit les Saints Ordres. — II. Il est nommé abbé commendataire de La Vieuville, chanoine, archidiacre et vicaire général de Tours. — III. Il est appelé aux fonctions d'aumônier du roi et nommé évêque d'Avranches. Son sacre. — IV. Il fait prendre possession de son évêché et donne un Mandement à l'occasion de la mort du Dauphin. — V. Il ne se rend pas dans son diocèse. — VI. Il est nommé à l'évêché de Montpellier. — VII. Il reçoit ses Bulles et prend possession par procureur.—VIII. Il arrive inopinément à Montpellier. Il jure de respecter les statuts du chapitre. — IX. Visites et réceptions officielles. — X. La municipalité de Montpellier réclame un Mandement pour des prières publiques. — XI. L'Evêque organise son personnel administratif. — XII. Questionnaire sur l'état des paroisses.

I. — Raymond de Durfort naquit le 10 août 1725, au château de La Roque, dans le diocèse de Cahors. « L'illustre et puissante maison de Durfort, connue depuis Foulques, seigneur de Durfort, qui vivait en 1068, a donné cinq maréchaux de France, plusieurs lieutenants-généraux et maréchaux de camp, sept chevaliers du Saint-Esprit ou des Ordres du Roi, deux chevaliers de la Jarretière, des ambassadeurs, des conseillers d'Etat, des commandeurs de l'Ordre de Saint-Louis, des chevaliers et commandeurs de Malte [1], etc. »

Les Durfort comptaient, dès le xie siècle, parmi les plus grands seigneurs du Languedoc, et les Duras, les de Lorge, les Civrac, les Léobard et les Boissières (qui sont les principales branches de cette souche antique) avaient couvert de la gloire de leurs exploits et des bienfaits de leurs fondations pieuses le Quercy, l'Agénais et la Gascogne, longtemps avant que leur nom s'illustrât à la cour de France.

La branche des Léobard à laquelle appartient notre prélat, quoique détachée de la tige commune dès le commencement, ne le cédait aux autres ni par la grandeur des charges ni par l'éclat des services [2]. Elle touchait par de nombreuses alliances aux plus beaux noms de notre histoire ; les maisons de Sorans, de Foix, de Lorraine, de Comminges et de Bourbon formaient ses glorieux quartiers. La familiarité même des princes lui était comme naturelle, parce qu'elle en avait l'habitude séculaire. Mais oublions toute sa noblesse pour ne nous souvenir que de sa piété. Quand la foi commençait à pâlir dans les grandes races, Raymond de Durfort ne reçut, sous le toit de ses pères, que des exemples de régularité et de ferveur.

Il était le sixième de dix enfants et le plus jeune de quatre frères. Un d'eux fit profession dans l Ordre de Saint-Benoît; quatre de ses sœurs prirent le voile, et, malgré tant de sacrifices, Gilles de Durfort, baron de Léobard, et Jeanne de Merully ne refusèrent point leurs fils au service des autels. La douce inclination qui portait ce pieux gentilhomme à la piété se développa facilement au milieu d'une famille si chrétienne. Elle grandit à l'université de Cahors

[1] L. DE LA ROQUE ; *Le Bulletin héraldique de France*, août 1895, col. 510.

[2] V. à nos *Pièces justificatives*, n° 1.

et se fortifia au séminaire de Saint-Sulpice, à Paris, où il fut minoré le 5 juin 1746, sous-diacre le 27 mai 1747, diacre le 8 juin 1748 et prêtre le 20 décembre 1749, des mains de M. de Beaumont, archevêque de cette ville.

Pendant les jours de son éducation cléricale, Raymond s'était mis en garde contre la corruption élégante du monde dans lequel il allait entrer. La société française, déjà possédée par l'esprit d'innovation, demandait alors au prêtre plus de vaine philosophie que de science sacerdotale et plutôt de la décence que de la piété. Ce fut l'honneur de Raymond d'être resté, en dépit de la mode, fidèle à la grande tradition de l'éloquence et des fortes études, à l'austérité des saintes règles et à la simplicité des vieilles mœurs. Ni sa naissance, ni la beauté de ses traits, ni la dignité naturelle de sa personne, ni le crédit de sa famille ne purent le retenir à la cour.

II. — Après avoir reçu en commende la modeste abbaye de La Vieuville [1], au diocèse de Dol en Bretagne (3 mai 1750), il vient se fixer à Tours, auprès de l'archevêque Henri-Marie-Bernardin de Rosset de Fleury, neveu du cardinal, son compatriote et son ami, et y fait pendant dix ans, sous ses auspices, l'apprentissage des fonctions ecclésiastiques et des vertus sacerdotales. Il méprise l'argent avec la générosité d'un prêtre et le dédain d'un gentilhomme ; il oublie ce qu'il peut devenir, préférant à tout le reste le titre d'archidiacre et de vicaire général de Tours. Il n'a pas même un regard pour les plaisirs et les modes de son siècle. Sa vie, exemplaire et recueillie en Dieu, défie jusqu'au plus léger soupçon. «C'est un céno-

---

[1] La Vieuville, taxée à 166 florins en cour de Rome, donnait à son abbé commendataire un revenu de 5,000 livres. R. de Durfort s'en démit vers 1781.

bite», disait le monde avec l'accent de l'admiration et du reproche.

Tels étaient les sentiments et les habitudes de Raymond, quand la confiance de Louis XV lui donne le titre d'aumônier du roi (le 11 mai 1761). Il ne changera guère sa manière d'agir. Il fréquentera Versailles sans y établir son séjour, sans y laisser son cœur. Son service achevé, il reviendra cacher, dans la chère solitude que l'archevêque de Tours lui a faite, les pratiques de sa mortification et les œuvres de sa charité.

III. — Le 3 avril 1764, le siège épiscopal d'Avranches[1] était devenu vacant par la mort du titulaire, Durand de Missy. A la cour, on pensa que cette ville, dont se trouvait fort rapprochée celle de Dol, où l'abbé de Durfort possédait son abbaye en commende, pourrait bien lui convenir et on l'y nomma (13 juin 1764). Trois jours après (16 juin), on recevait à Avranches « la nouvelle que le roi avait nommé à l'évêché d'Avranches M. l'abbé Raymond de Durfort-Léobard, abbé commendataire de l'abbaye de La Vieuville, au diocèse de Dol, aumônier de Sa Majesté, chanoine et archidiacre de l'église métropolitaine de Tours, vicaire général du diocèse de Tours, prêtre du diocèse de Cahors et licencié en droit canon ». Sa nomination ayant été confirmée par le pape Clément XIII, il fut sacré le 8 septembre, dans la chapelle du château de Versailles, par Charles-Antoine de La Roche-Aymon, archevêque-duc de Reims, premier pair de France, assisté de Jean-Arnaud de Roquelaure, évêque de Senlis, et de Henri-Joseph-Claude de Bourdeilles, évêque de Tulle, nommé à l'évêché de

---

[1] D'après l'*Almanach Royal*, l'évêché d'Avranches, suffragant de la métropole de Rouen, et taxé à 2,500 fl. en cour de Rome, donnait à son titulaire un revenu annuel de 22,000 livres.

Soissons. Le lendemain, il prêta le serment de fidélité, entre les mains du roi, dans la même chapelle.

IV. — Louis-Philippe de Saint-Germain, grand-vicaire et official d'Avranches, prit en son nom possession du siège épiscopal le 27 novembre 1764 ; mais l'évêché d'Avranches ne connut guère que le nom de son nouveau titulaire, avec sa bonne renommée de piété tendre et d'iné·puisable douceur. « Il n'y mit jamais les pieds [1] ». Et ce qui le prouve, c'est que « sa signature ne se rencontre pas une fois dans les registres d'Avranches[2] ». Il publia cependant un Mandement, daté de Tours, le 24 janvier 1766. Ce fut pour annoncer à son diocèse la mort de Louis, Dauphin de France. Il s'affligeait de n'avoir que des pleurs à répandre, pour la première fois qu'il avait à faire entendre sa voix et rappelait ces touchantes paroles du prince mourant : « Quand je serais le maître de choisir entre la vie et la mort, je sacrifierais mille vies au désir qui me presse de voir mon Dieu et de le posséder ». Ce Mandement est le seul monument que R. de Durfort ait laissé de son administration dans l'Avranchin.

V. — Comment expliquer une pareille·conduite ? Elle nous a paru si extraordinaire que nous avons dû chercher des éclaircissements Nous nous sommes adressé, dans ce but, à M. le Chanoine secrétaire général du diocèse de Coutances et d'Avranches, et à M. le Président de la Société d'archéologie des arrondissements d'Avranches et de Mortain. Les réponses dont ces Messieurs ont daigné nous honorer, varient quant à la forme, mais sont identiques

[1] Le chanoine LE CAMUS ; *Hist. des Evêques de Coutances et Avranches*, I, 62.– L'abbé SICARD ; *Les Evêques avant la Révolution*, pag. 270.
[2] Le chanoine PIGEON ; *Hist. de l'ancien diocèse d'Avranches.*

pour le fond, elles s'accordent à dire que R. de Durfort
n'a jamais paru dans son diocèse, depuis le jour où il y a
été nommé jusqu'au jour de sa translation à Montpellier.

VI. — Nommé à Montpellier, le 25 mai 1766, il deve-
nait le onzième évêque de notre ville [1]. Il allait monter sur
un de ces sièges souvent battus par les flots des passions
humaines. Le levain de discorde et de rébellion que la
prétendue Réforme avait déposé dans le Languedoc, deux
siècles auparavant, y fermentait encore, et le Jansénisme,
cette autre Réforme cachée sous le masque du respect,
avait jeté dans les mœurs publiques de profondes racines.
R. de Durfort était merveilleusement doué pour travailler
à l'apaisement des esprits. Il devait lui être facile de reprendre l'œuvre commencée par ses deux prédécesseurs
immédiats, B. de Charancy et R. de Villeneufve, qui lui
avaient préparé des prêtres recommandables à bien des
titres et dignes de devenir ses coopérateurs [2].

Dès que le choix fait par la cour fut connu à Montpellier,
les compagnies de Pénitents établies dans cette ville, se
hâtèrent d'envoyer leurs félicitations au nouveau titulaire.
Les Pénitents Bleus se montrèrent les plus empressés et
adressèrent au prélat la lettre suivante :

[1] Depuis que le siège épiscopal de Maguelone avait été transféré à
Montpellier, par une bulle de Paul III (27 mars 1536), le diocèse eut à
sa tête : Antoine Subjet, Guitard de Ratte, Jean Granier, Pierre de
Fenouillet, Renaud d'Este, François de Bosquet, Charles de Pradel, Colbert
de Croissy, Berger de Charancy et Renaud de Villeneufve.

[2] Lors de la nomination du nouvel évêque, le diocèse était administré
par trois vicaires généraux, élus en assemblée capitulaire : 1. Roch-
Lambert de La Croix de Candillargues, prêtre, bachelier en théologie,
licencié en droit-canon de l'université de Paris, chanoine et prévôt du
Chapitre.—2. François Le Noir, prêtre docteur en droit-canon, chanoine-
théologal et grand archidiacre. — 3. Joseph-Aymard de Guignard de
Jons, prêtre, licencié en théologie de l'université de Paris, chanoine.
(Archives de l'Hérault, G, IV, 20, *Evêché de Montpellier. Registre du
Greffe des Insinuations ecclésiastiques*).

« MONSEIGNEUR,

» Votre nomination au siège épiscopal de cette ville est l'objet des actions de grâces que nous rendons à Dieu, et la preuve qu'il a exaucé les vœux que nous luy adressions. Voulès-vous bien recevoir avec bonté les premiers homages que vous présente un Corps entierrement dévoué aux œuvres de charité? Il se flate de mériter de vous, Monseigneur, la même protection qui luy a été accordée par tous les Evêques de Montpellier, et principalement par vos deux derniers prédécesseurs. Il espère par ce moyen recevoir, sous votre gouvernement, l'accroissement que son zelle luy faira toujours désirer dans l'exercice des objets de sa fondation. Il s'efforcera sans cesse de vous donner des preuves de sa soumission et du profond respect avec lequel nous sommes, Monseigneur, vos très humbles et très obéissants serviteurs, les Prévôts et Officiers de la dévote et royalle Compagnie des Pénitens Bleus de Montpellier. — DE VISCHET, premier Prévost.

» Montpellier, le 2 juin 1766.

> » *A Monseigneur l'Evêque d'Avranches, nommé à l'Evêché de Montpellier, à Paris* [1] ».

R. de Durfort leur répondit :

« MESSIEURS,

» Je reçois avec une sincère reconnoissance le compliment que vous avés la bonté de me faire sur ma nomination à l'Evêché de Montpellier, et soyés bien persuadés du désir que j'ay de remplir vos espérances, en répondant aux desseins de la Providence qui m'a confié le soin d'un Dio-

---

[1] Arch. des Pénit.-Bleus, 7e *Reg. des Délib.*, pag. 176.

cèze, dont vous pleurés à juste titre le dernier Pasteur, auquel j'ay l'honneur de succéder. Je verray, Messieurs, avec le plus sensible plaisir les œuvres dont votre Compagnie s'occupe se multiplier et je me feray toujours un devoir d'animer votre zelle pour le bien de la Religion.

» Je suis avec une respectueuse considération, Messieurs, votre très humble et très obéissant serviteur.

» † R. Evêque d'Avranches,
» *Nommé à l'Evêché de Montpellier.*

» Paris, 20 juin 1766

» *A Messieurs les Prévôts et Officiers de la dévote et royalle Compagnie des Pénitens Bleus de Montpellier, à Montpellier* [1] ».

Les administrateurs de l'œuvre charitable du Prêt-Gratuit de la ville épiscopale adressèrent, eux aussi, leurs félicitations au prélat. Ils le priaient de prendre sous sa protection une œuvre dont ses prédécesseurs avaient été les bienfaiteurs et les patrons [2].

L'Evêque leur en donna l'assurance par sa réponse, que nous reproduisons ici.

« Paris, 24 juin 1766.

» Je suis, Messieurs, aussy sensible à la part que vous prenés à ma nomination à l'évêché de Montpellier qu'édifié de votre zelle pour le soulagement des pauvres. Si je ne puis espérer de réparer la grandeur de la perte qu'ils ont faite, je tâcherai du moins d'adoucir leurs justes regrets, en soutenant, autant qu'il sera en mon pouvoir, les saintes

[1] *Loc. cit.*, pag. 177.
[2] L. Mandon; *Hist. du Prêt-Gratuit de Montpellier*, pag. 16.

entreprises que la charité de mon prédécesseur leur avait fait former. Je trouverai, Messieurs, dans l'ardeur de la vôtre de bien parfaites ressources.

» J'ai l'honneur d'être avec des sentiments bien respectueux, Messieurs, votre très humble et très obéissant serviteur.

» † R. Evêque d'Avranches,
» *Nommé par le roi à l'Evêché de Montpellier* [1] ».

VII. — Préconisé par Clément XIII, dans le consistoire du 6 août suivant, il reçut ses Bulles, dont la première, qui lui était personnelle, portait cette même date (*Octavo Idus Augusti*) ; la seconde, adressée aux chanoines du chapitre cathédral de Montpellier, leur recommandait le respect et l'obéissance à l'égard du nouvel évêque. Cette dernière était datée du 8 août (*Sexto Idus Augusti*). Le 23 du même mois, il prêta le serment habituel de fidélité entre les mains de Louis XV, et, le 8 octobre, il passa devant les notaires du Châtelet, à Paris, un acte par lequel il donnait au prévôt La Croix de Candillargues, premier vicaire général capitulaire, sa procuration pour prendre possession en son nom du siège épiscopal de Montpellier [2].

La cérémonie eut lieu le jeudi 20 novembre, sous la présidence du prêtre Joseph Barrier, sous-chantre de la cathédrale, chanoine en semaine. La Croix de Candillargues, représentant l'évêque, était assisté de Gabriel Davranche, notaire du chapitre. Nous n'avons à signaler aucune particularité dans tout ce qui se pratiqua dans cette circonstance. Les opérations, commencées devant la grande porte de Saint-Pierre, se poursuivirent à l'intérieur avec le cérémonial ordinaire.

[1] *Arch. du Prêt-Gratuit de Montpellier.*
[2] Arch. de l'Hérault, G, IV, 20 ; *Reg. 24º du Greffe des Insinuations ecclésiastiques*, fº 76 vº.

VIII. — Depuis une quinzaine de jours, le chapitre avait déjà pris ses mesures pour faire au prélat une réception des plus solennelles. C'est ainsi qu'il avait désigné quatre de ses membres : Arnihac, archidiacre de Valence ; Palloc, ouvrier ; Morel et de Montessus, syndics, pour se rendre à Nimes y complimenter l'évêque et l'accompagner à Montpellier. Ces chanoines attendaient d'être informés du jour de son arrivée. Mais le prélat ne voulait pas d'entrée officielle. Modeste dans ses goûts et dans ses habitudes, il avait gardé le silence et survient inopinément à Montpellier, à 9 h. et demie du matin, le 21 novembre, le lendemain de sa prise de possession par procureur. Il se fait aussitôt conduire au palais épiscopal, où il surprend tout le monde et, sans perdre une minute, mande les syndics du chapitre, afin qu'il soit procédé, le jour même, à sa prise de possession personnelle. Cette vivacité d'allures contraste singulièrement avec la lenteur apportée par R. de Durfort à se rendre dans le diocèse d'Avranches, lenteur ou mieux parti-pris. Ceci donne à penser que des obstacles insurmontables, dont nous ne connaissons pas la nature, l'avaient mis dans l'impossibilité de remplir, par lui-même, les devoirs de la charge pastorale dans le diocèse dont, pendant deux ans environ, il avait eu la responsabilité. Le voici maintenant plein d'une sainte ardeur, et nous ne tarderons pas à le voir à l'œuvre.

Les membres du chapitre, convoqués à domicile, se rendent à la cathédrale pour l'installation personnelle de l'évêque et sa prestation de serment Le prévôt, parlant au nom de tous les dignitaires, personnats et chanoines de Saint-Pierre, supplie très humblement le prélat de jurer et de promettre de garder les Statuts du chapitre, de la même manière que les évêques ses prédécesseurs, en conformité de la bulle de translation et de sécularisation.

L'évêque le fait en ces termes, usant toutefois de la langue de l'église[1].

« Moi, Raymond de Durfort, par la miséricorde de Dieu, évêque de Montpellier, je jure devant Dieu et ses anges et je promets à vous, mes très chers frères les chanoines et chapitre de l'église cathédrale de Montpellier, d'observer les Statuts de la dite église, de conserver ses biens et de ne rien faire relativement à l'administration de cette même église sans votre conseil; approuvant le tour qu'on appelle la cheville et tout ce qui a été fait jusqu'à ce jour par le dit chapitre. Ainsi que, Dieu me vienne en aide ![2] »

Après ce serment, la cérémonie de l'installation a lieu en la forme accoutumée[3].

IX. — Ce même jour, les visites officielles commencent au palais épiscopal. Elles se succèdent nombreuses les jours suivants. Tous les hauts fonctionnaires et les corps constitués désirant complimenter le nouvel évêque. La marche est ouverte par le maire et les consuls, en robe, précédés et suivis de tout leur cortège municipal. R. de Durfort les reconduit « jusqu'au perron »[4].

Les Pénitents ne veulent pas demeurer en retard, eux qui dès le principe avaient écrit au prélat pour le féliciter du choix que le roi venait de faire de sa personne. Le bureau de direction des Pénitents Blancs, précédé du suisse, se rend à l'évêché. Comme on devait s'y attendre, il y est bien accueilli, et, sur les registres de la compagnie, le

[1] Nous en reproduisons le texte à nos *Pièces justificatives*, nº 11.

[2] Tous les ecclésiastiques dans le diocèse savent que *le tour* dont il est ici question indique *la semaine* que l'Evêque devait faire à la cathédrale tout comme les dignités, les personnats et les simples chanoines. Le nom du chanoine en semaine était marqué à la sacristie par une *cheville*.

[3] Arch. de l'Hérault, 24ᵉ *Reg. des Insin. eccl.*, fᵒ 88.

[4] *Cérémonial Consulaire*, nº VIII, pag. 814.

secrétaire ne manque pas de mentionner, en preuve de ce qu'il avance, que, à sa sortie, le bureau a été accompagné par l'évêque « jusqu'à la deuxième salle de réception [1] ».

De leur côté, les Pénitents Bleus avaient nommé une députation de 12 membres. Ils envoient leur massier à l'évêché pour s'informer du jour et de l'heure où ils pourront être reçus. L'audience est fixée au dimanche, 23 novembre, à midi. Au moment voulu, la députation, précédée des deux suisses et du massier « portant la masse haute », arrive au palais épiscopal. Les deux suisses s'arrêtent à la porte du salon. Le massier s'avance toujours, suivi de la députation. L'évêque, prévenu par le premier prévôt, va la recevoir « *casi* » jusqu'à la porte. Le frère Dumas, syndic, s'exprime ainsi :

« Monseigneur, Lorsque la mort eut frappé l'Evêque dont vous occupés aujourd'huy la place, tous nos cœurs furent consternés. Nous versames des larmes sur le tombeau d'un vieillard, aussy respectable par ses vertus que par le nombre de ses années, et les pauvres levoient au Ciel des mains tremblantes, comme pour lui redemander leur père. Dans l'excès de notre douleur, nous osames penser que notre perte étoit irréparable ! Mais ce même Dieu qui suscitoit autrefois, en faveur d'Israel, les Moïse, les Josué, les Samuel, tient encore les yeux ouverts sur son peuple. Il a connu nos pertes et nos bezoins ; il a rempli de son esprit le sage Monarque qui nous gouverne, et vous nous avés été donné ! — Le bruit de vos vertus est parvenu jusques à nous aussitot que la nouvelle de votre élection : une piété solide, une religion épurée, une charité bienfaisante, un zèle prudent, des talents, des lumières supérieures, telles sont les qualités éminentes qui dans tous les tems ont formé

---

[1] Arch. des Pénit. Blancs, *10e Reg. des Délib.*, f°s 136 et 137.

les grands prélats, tels sont aussi les traits du tableau que la renommée nous a présenté et déjà votre présence nous a fait connoître que la réalité passe la renommée. Puisse donc le Dispensateur des biens et des maux de cette vie laisser couler vos jours au delà du terme ordinaire ! Puisse la Compagnie qui m'a député jouir longtems du précieux avantage de vous avoir pour chef ! — Autant que cette Compagnie l'emporte sur toutes les autres par l'ancienneté de son origine, sa noblesse et ses prérogations, autant elle se fait un mérite de l'emporter par sa dévotion, par son respect et son amour pour les supérieurs qu'il plait à la divine Providence de luy donner. C'est à ce titre, Monseigneur, qu'elle vous demande aujourd'huy par ma bouche votre bienveillance et votre protection ».

Après avoir reproduit cette allocution du syndic, le secrétaire ajoute : « L'Évêque a répondu de la manière la plus polie. Il a témoigné qu'il étoit déjà prévenu sur tous les égards qui étoient dus à la Compagnie et que, dans toutes les occasions, il tàcheroit de lui faire connoître sa vénération pour elle ». Le rédacteur du procès-verbal fait observer qu'en se retirant la députation a été accompagnée par l'Évêque « jusqu'à la porte de son appartement » [1].

X. — Dans la quinzaine qui suivit l'arrivée de Mgr de Durfort, le maire et les consuls de Montpellier se rendirent de nouveau à l'évêché. Ils allaient solliciter la publication d'un Mandement pour demander à Dieu la cessation des pluies et des inondations. Les orages étaient alors si fréquents et si forts dans le Languedoc que des ponts, des chaussées et des maisons avaient été détruits. Le Mandement désiré fut publié le 12 décembre et suivi d'une pro-

---

[1] Arch. des Pénit. Bleus, 7° *Reg. des Délib.*, pag. 182-184.

cession générale à laquelle prit part la ville entière. Par une nouvelle Ordonnance, donnée peu de jours après, l'Évêque autorisa les laboureurs à travailler à l'ensemencement de leurs terres pendant la seconde et la troisième fête de Noël[1].

XI. — Un des premiers soins du prélat fut d'organiser le personnel de son administration diocésaine. Qu'on veuille bien nous permettre de faire connaître en détail les prêtres sur lesquels il fixa son choix. On verra de quels ecclésiastiques il s'était entouré. Il désigna pour ses vicaires généraux :

1. Loys (*Jean-Jérôme*, de Saint-Marcel), fils de Jean Loys, conseiller en la cour des Comptes, Aides et Finances de Montpellier. Ce prêtre était né à Narbonne et avait d'abord occupé le poste de vicaire amovible à Canet. Après avoir fait ses études à Paris, il était revenu avec le grade de licencié en théologie de la faculté de cette ville et avait obtenu au concours un canonicat au chapitre cathédral de Montpellier. L'Évêque le nommait son premier grand-vicaire, et, deux jours après, lui conférait en outre le titre d'official général du diocèse.

2. De Guignard de Jons (*Joseph-Aymard*), prêtre originaire du diocèse de Lyon, licencié en théologie de la Faculté de Paris, chanoine de la cathédrale Saint-Pierre, un des vicaires généraux nommés par le chapitre de cette église, après la mort de R. de Villeneufve.

3. De Villeneufve d'Ansouis (*Charles-Gabriel-Noël*), prêtre du diocèse d'Aix, parent et ancien vicaire général du dernier évêque, docteur en théologie, abbé commendataire de l'abbaye de Morimond, dans le diocèse de Langres.

[1] Arch. des Pénit. Blancs, *10ᵉ Reg. des Délib.*, f° 139.

4. Farjon (*Charles-Louis*), prêtre de Montpellier, docteur en théologie, chanoine de la cathédrale.

5. Périer de La Garde (*Joseph*), prêtre du diocèse de Fréjus, docteur en droit canon, official et vicaire général de Tours, venu à Montpellier à la suite de R. de Durfort et pourvu ensuite, vu son grade universitaire, d'un canonicat à la cathédrale Saint-Pierre.

6. Ollivier des Pallières (*Nicolas-François*), né à Moulins en 1732, prêtre du diocèse d'Autun, docteur en théologie de la faculté de Paris, chanoine de la cathédrale, nommé vicaire général et, peu de jours après, vice-chancelier de l'Université de Montpellier.

7. Enfin, De Rey (*Pierre*), prêtre du diocèse d'Albi, bachelier en théologie de la faculté de Paris, licencié en l'un et l'autre droit, en la même faculté ; domicilié à Toulouse avant sa nomination de chanoine à la cathédrale Saint-Pierre.

Ces nominations étaient complétées par celles du promoteur du diocèse et du secrétaire de l'évêché. Pour la première de ces fonctions, l'évêque désigna Fach (*Barthélemy*), prêtre de Montpellier, où il était né en 1711. Ce qui détermina ce choix fut que l'abbé Fach, sans avoir voulu prendre de grades universitaires, avait pourtant suivi pendant de longues années les cours de la faculté de droit de sa ville natale. D'abord pro-curé et puis curé titulaire de la paroisse Saint-Denis de Montpellier, il s'était démis de ce bénéfice pour devenir simple et modeste curé de Lattes. R. de Durfort pensa qu'il pouvait compter sur son expérience et sur sa science.

Pour secrétaire de l'évêché, il choisit un prêtre originaire du diocèse de Rodez, pourvu du grade de docteur en théologie, nommé Lambert (*Pierre*), qu'il affectionna tendrement.

A notre avis, le grand mérite des hommes dont s'entoura l'évêque ne consista pas dans la connaissance des sciences ecclésiastiques, mais dans leur solide vertu, qui leur permit, dans les temps orageux, de résister à toutes les tempêtes. Quelques-uns moururent avant la Révolution, les autres eurent le courage de confesser la foi catholique [1]. Une administration diocésaine, dont les mobiles étaient la science et la vertu, pouvait-elle demeurer infructueuse ?

XII. — Choisir les hommes qui devaient l'aider dans ses œuvres de zèle ne fut pas la seule préoccupation de l'intelligent pontife ; il voulut, en même temps, réunir des données sûres, précises et détaillées sur l'état et le fonctionnement des paroisses. Dans cette pensée, il dressa et fit imprimer une feuille, divisée en dix-huit articles, avec prière aux curés de répondre à ses nombreuses questions. Il demandait à connaître la position exacte de chaque paroisse, le nom de son seigneur temporel, celui du patron ou titulaire de la paroisse ou de l'église, le nombre des autels, les dévotions, les revenus curiaux, ce qui tenait aux vicaires, les ressources de la fabrique, le nombre et la nature des bénéfices ecclésiastiques, les maîtres et les maîtresses d'école, les hôpitaux et autres établissements de bienfaisance, les communautés religieuses et les confréries, le chiffre des communiants et celui des protestants, le genre des prédications données aux populations et enfin ce qui tenait à la dîme. La réponse à toutes ses questions devait porter la signature du curé, du ou des vicaires et autres ecclésiastiques, de la paroisse, « afin, disait l'imprimé, de pouvoir connoitre l'écriture des uns et des autres [2] ».

[1] Ollivier des Pallières fut guillotiné, à Paris, le 9 floréal an II (28 avril 1794); Farjon et de Rey moururent en réclusion.
[2] Voir ce questionnaire à nos *Pièces justificatives*, n° III.

CHAPITRE II.

I. — A peine arrivé à Montpellier, M. Raymond de Durfort commença la visite générale de son diocèse. Il avait à cœur ces courses apostoliques et leur consacra, toutes les années, une partie considérable de son temps. D'après les procès-verbaux conservés aux Archives départementales de l'Hérault[1], voici comment il procédait. Un Mandement, en quelque sorte stéréotypé, était adressé au curé de telle ou telle paroisse, l'informant du jour où aurait lieu la visite pastorale. Le Mandement était publié à la messe du prône trois dimanches consécutifs. L'évêque arrivait au jour marqué, accompagné d'un ou même de deux de ses chanoines[2], vicaires généraux et de son secrétaire. Il était reçu par le curé et conduit processionnellement à l'église, sous le dais, lequel était porté par les consuls et les principaux habitants. Après les prières et

[1] Arch. de l'Hérault, Evêché de Montpellier, G, IV, 14, *Visites du diocèse par R. de Durfort.*

[2] M. de Durfort donnait aux chanoines, vicaires généraux, ses compagnons dans les tournées pastorales, des lettres dites *de Comitatu.* En vertu de ces lettres, les chanoines conservaient tous leurs droits et revenus, comme s'ils étaient présents au chœur. Nous donnons, à nos *Pièces justificatives,* un document de ce genre (N° IV).

cérémonies prescrites par le pontifical romain, il adressait
une exhortation aux fidèles, en exposant le sujet de sa
visite. Ensuite, il interrogeait le curé, les officiers du
lieu, les consuls et les habitants eux-mêmes sur l'état de
la paroisse qu'il inspectait. Il administrait le sacrement de
confirmation et donnait l'absoute solennelle pour les
défunts; puis, il procédait à l'examen de tout ce qui tenait
au culte. — Et, pendant ce temps, un de ses vicaires généraux opérait dans une localité voisine, accompagné d'un
secrétaire, prêtre ou simple diacre, et procédait à la visite
canonique, tout comme l'évêque lui-même. Il s'occupait
en outre de préparer les enfants à la confirmation et devait
« les emmener » au pontife qui leur administrait le sacrement. — Le résultat de l'examen fait, soit par l'évêque,
soit par son grand-vicaire, était couché par le secrétaire
sur des feuilles volantes, qu'on donnait plus tard à relier.
Chaque procès-verbal comptait huit pages in-folio, avec
trente-deux questions, imprimées en marge, auxquelles le
curé devait répondre[1]. La sollicitude épiscopale s'étendait
à tout, comme il sera facile de s'en convaincre par les
détails dans lesquels nous allons entrer. — Les vases
sacrés et le tabernacle ; les fonts baptismaux —Les pierres
sacrées, dont plusieurs furent trouvées ne renfermant
aucune relique (ainsi, au château de la Roquette, à Saint-
Martin de Londres, à Beaulieu, à Montaud, à Restinclières,
à Saint-Etienne de Gabriac). — Les autels, les tableaux
et les statues. Les confessionnaux, la chaire ; la sacristie,
et tous les menus objets servant dans les cérémonies religieuses, et notamment les missels et autres livres liturgiques dont plusieurs parurent peu convenables au service

---

[1] Ces questions étaient une sorte de développement de celles que nous
avons données à nos *Pièces justificatives*, sous le N° III.— Nous reproduisons, au N° V, le modèle du *Procès-verbal des visites pastorales.*

divin. — L'état des ornements qu'on visitait dans le plus grand détail (A Saint-Geniès, une pièce de couleur verte avait été rapportée sur une chasuble blanche ; l'évêque voulut que cette pièce disparût et fût remplacée par une autre de la couleur de l'ornement). — Les bâtiments de l'église et de la sacristie étaient soigneusement visités (On constata que la toiture de l'église de Prades avait besoin d'être remaniée ; que les voûtes du sanctuaire et de la nef de l'église de Saint-Bauzille de Putois devaient être réparées). — Dans certaines localités de peu d'importance, la célébration des offices le dimanche et les jours de fête laissait à désirer ; les curés se dispensant d'y chanter les vêpres. (Pour faciliter au curé de Saint-Clément l'accomplissement de ce devoir, le Prélat l'autorise à chanter les vêpres à l'issue de la messe paroissiale, avec exposition du Saint-Sacrement « le deuxième dimanche du mois, suivant l'usage du diocèse »). — l'Evêque donne un soin tout particulier à la conservation et à la bonne tenue des Registres de baptêmes, de mariages et de sépultures. Cette surveillance était imposée par les ravages exercés dans nos pays pendant les guerres de religion. M. de Durfort constate avec douleur que dans aucune paroisse de son diocèse les registres dits de catholicité ne remontent au delà de 1617. — Beaucoup de cimetières laissaient à désirer sous le rapport de la clôture. D'autres étaient envahis par les broussailles. Quelques-uns avaient même des figuiers, qu'on n'est pas habitué à trouver dans le champ des morts. L'évêque ordonne que les brèches existant aux murailles soient réparées ; qu'on mette les portes en état et qu'on débarrasse le sol des objets encombrants. — Avec juste raison, on examinait l'état des maisons presbytérales. Pauvres curés ! Réduits, pour la plupart, à la modeste congrue, ils étaient mal logés ! (Celui du hameau de Saint-Etienne de Gabriac,

paroisse supprimée depuis longtemps et comprise aujour-
d'hui dans celle de Notre-Dame de Londres, était « illo-
geable », si bien que le pasteur se trouvait dans la nécessité de résider à Notre-Dame de Londres ; ce qui ne
l'empêchait pas de remplir ses devoirs avec exactitude ;
ses paroissiens ne lui donnaient cependant pas beaucoup
de travail, la population s'élevait alors au chiffre de 180
habitants. — A Lansargues, l'état du presbytère était pitoya-
ble. L'Evêque put s'en convaincre sans peine. La chambre
où il passa la nuit, et qui était la plus belle pièce de la
maison (puisque c'était celle du curé lui-même), avait
« les carreaux rompus en grande partie », et posés sur un
plancher peu solide, « en sorte, dit le procès-verbal, qu'il
y a des fentes au travers desquelles on voit facilement ce
qui se passe en dessous »). — Et, avec cela, les curés
résidaient exactement, remplissaient avec zèle leurs devoirs
et avaient des mœurs pures ; ce dont l'Evêque ne pouvait
que se réjouir. — M. de Durfort s'occupait aussi des régents
et des régentes des écoles, s'informait de leur capacité, de
leur conduite, de leurs revenus et de ce qui tenait à leurs
élèves. — La même surveillance s'étendait aux sages-
femmes, aux hôpitaux, aux bureaux de charité et à leurs
administrateurs, dont on vérifiait les comptes ; aux parois
siens, dont l'évêque voulait savoir le nombre, celui des communiants et celui des abstensions au devoir pascal. Dans la
plupart de ses Ordonnances, rendues en cours de visite
pastorale, il y avait un article conçu en ces mots ou en
termes équivalents : « Le curé aura soin, toutes les années,
de lire au prône, pendant le carême, le Canon *Omnis
utriusque sexûs* ; de l'expliquer, ainsi que les peines qu'il
prononce contre ceux qui ne communient pas à Pâques ».
— Un article du procès-verbal était spécialement consacré
aux « scandales, abus, inimitiés, procès qui entretiennent

la division ». L'Evêque, dont la vertu propre était l'esprit de conciliation, était mieux à même que personne de travailler au maintien de la paix ; mais il ne voulait d'abus sous aucune forme. Le rapport du 26 octobre 1772 portait, à propos de la paroisse de Brissac : « On ne connaît pas d'abus, sinon que lorsque les Pénitents Blancs vont recevoir la confrairie des Pénitents de Saint-Bauzille de Putois, à Notre-Dame du Suc, ils baissent leurs croix à terre et les font baiser réciproquement. » L'article 7 de l'Ordonnance, donnée à Ganges le 28 du même mois, porte : « Les Pénitents s'abstiendront de faire baiser la croix quand ils se rencontreront avec ceux de Saint-Bauzille, et ils se conformeront aux cérémonies usitées dans le diocèse ». — Un autre abus que l'Evêque aurait bien voulu voir disparaître de son diocèse, était la fréquentation des cabarets au temps des offices. Dans les Ordonnances rendues en cours de visite, revenait celle-ci, datée de Montferrier, 1er août 1773 : « Exhortons et prions les sieurs Officiers de la Police de ne pas souffrir que les cabarets soyent ouverts pendant le temps de l'office divin, les jours de dimanches et de fêtes ; de punir, conformément aux lois du Royaume, ceux qui y contreviendront ».

II. — Charles-Joachim de Colbert avait occupé le siège de Montpellier de 1696 à 1738. Ce long épiscopat de 42 ans lui avait permis de favoriser les erreurs du jansénisme, aidé surtout qu'il était par les Oratoriens. Il mourut le 8 avril 1738, et aussitôt les vicaires généraux, nommés par le chapitre cathédral, firent imprimer un registre pour la signature du formulaire prescrit par les Souverains Pontifes Innocent X et Alexandre VII. Ce document, précieux pour l'histoire du Jansénisme dans l'ancien diocèse de Montpellier, constitue un volume in-f° de 58 pages, et a pour titre : *Registre pour la signature du Formulaire dans le diocèse de Montpellier* [1]. En tête de chaque feuillet est imprimée la fameuse formule [2]. Elle se termine par ces mots : « *Die 19 aprilis anno 1738* ». Il y avait donc onze jours à peine que Colbert avait disparu, et son successeur n'était pas encore nommé. Le chapitre cathédral manifestait ainsi hautement ses doctrines catholiques, tout en ayant su, en toutes circonstances, conserver avec l'évêque janséniste, et jusqu'à sa mort, les formes de la politesse chrétienne et des convenances sociales [3].

Les signatures s'accumulaient, pressées, sur le registre et remplissaient déjà plusieurs pages, lorsque B. de Charancy fit son entrée à Montpellier, le 15 novembre 1738. Elles continuèrent plus nombreuses encore après l'arrivée du Prélat et sous l'administration de R. de Villeneufve, de 1748 à 1766. Ce fut bien autre chose sous le pontificat de R. de Durfort : Tous les membres des communautés religieuses d'hommes et tous les ecclésiastiques séculiers vinrent signer avant de commencer l'exercice de la prédication, avant chaque promotion aux ordres, même pour la simple tonsure cléricale et avant la prise de possession de n'importe quel bénéfice. Les signatures remplirent d'abord le recto des feuillets, en dessous de la formule, et en envahirent peu à peu le verso, en commençant par la fin du registre et remontant jusqu'au quatrième feuillet [4].

[1] Arch. de l'Hérault, G. IV, 47.

[2] Elle est ainsi conçue : « Ego N. Constitutioni Apostolicæ Innocentii x, datæ die XXXI Maij MDCLVI, et Constitutioni Alexandri VII datæ XVI octob. MDCLVI, Summorum Pontificum, me subjicio : et quinque propositiones ex Cornelii Jansenii libro, cui nomen *Augustinus*, excerptas, et in sensu ab eodem auctore intento, prout illas per dictas Constitutiones Sedes Apostolica damnavit, sincero animo rejicio ac damno, et ità juro : Sic me Deus adjuvet et hæc sancta Dei Evangelia.

[3] FISQUET ; *Dioc. de Montpellier ; Colbert*, pag. 260.

[4] Ce même registre reçut encore les signatures jusque sous M. de Malide. Nous ne voyons pas cependant qu'il ait servi au delà de l'année

De tout ceci, ne résulte-t-il pas jusqu'à l'évidence que R. de Durfort suivit avec beaucoup de zèle le sentier tracé par le chapitre de la cathédrale, et dans lequel marchèrent avant lui Charancy et Villeneufve ? Le journal, organe du parti janséniste, était donc parfaitement fondé, dans les reproches qu'il adressait à l'évêque d'avoir imité la conduite de ses deux prédécesseurs immédiats. Il continua, en outre, de tenir la main à l'exécution du règlement dressé par R. de Villeneufve, contre la lecture des livres jansénistes ; règlement qui n'était guère que la confirmation d'une Ordonnance publiée, en 1742, par B. de Charancy. Les *Nouvelles ecclé siastiques* reprochaient à l'Evêque, leur successeur, de n'avoir pas supprimé cette Ordonnance, « laquelle, au dire des appelants, était un abus déshonorant la Religion et ses Ministres, et fournissant des armes aux incrédules [1].

C'étaient toutes les plaintes que formulèrent les dissidents contre R. de Durfort. Après avoir parcouru avec soin tous les numéros de leur feuille hebdomadaire, publiés pendant l'administration de cet Evêque, nous avons été frappé de la manière dont elle parle de lui. Ainsi, à propos de la mort d'un vieux prêtre janséniste, créature de Colbert, qui survécut à Charancy et à Villeneufve, elle fait remarquer que cet ecclésiastique « eut la consolation de respirer au moins quelque temps *sous un gouvernement plus pacifique* et de recevoir sans difficulté dans sa dernière maladie le Saint-Viatique et l'Extrème-Onction [2] ». Elle

1785. Peut-être fut-il, à cette époque, remplacé par un autre ; nous n'oserions cependant l'affirmer, car, malgré toutes nos recherches, dans les archives de l'Hérault, nous n'avons pu en découvrir la trace. Cessat-on d'exiger alors la signature du formulaire ? pour se contenter de la profession de foi catholique prescrite par le Pape Pie IV et insérée sous le titre de *Forma Juramenti* dans le Pontifical Romain. Nous serions assez porté à le croire.

[1] *Nouvell. eccl.*, n° du 2 août 1769.

[2] *Id.*, n° du 25 mai 1771.

fit cependant grand bruit à propos d'un refus de sacrement ; mais nous verrons bientôt quelle fut la conduite
de l'Evêque en cette circonstance.

A la paroisse Sainte-Anne, dont les offices à cette époque
se célébraient dans l'église des Grands-Carmes, le curé et
ses vicaires refusèrent la communion pascale à un prêtre
nommé Arnoux, âgé de 83 ans, le lundi de la semaine
sainte, sous prétexte qu'il n'était point en habit décent.
Par le fait, il se présentait en simple soutane, sans surplis
et sans étole. Le juge-mage Faure, auquel ce vieillard va se
plaindre, court chez l'évêque pour l'informer de ce refus.
Celui-ci se hâte d'envoyer son aumônier au curé ; mais le
curé ne veut rien entendre. Faure prévient le comte de
Moncan, commandant de la province, en l'absence du
prince de Beauveau, et tous deux se rendent chez R. de
Durfort, auquel ils font les plus fortes remontrances. Ils
craignent, paraît-il, une émeute. « L'Evêque, au dire des
Nouvelles ecclésiastiques elles-mêmes, montra dans cette
circonstance les vues les plus pacifiques ». Il commit le P.
Théophile, un des Grands-Carmes, pour remplacer le curé,
qui s'était absenté à dessein, et le chargea de donner la
communion au vieux prêtre. Il la lui porta, en effet, chez
lui, le mercredi saint, en viatique. Le curé revint la veille
de Pâques ; mais, en attendant le juge-mage avait dressé
deux procès-verbaux, dont le premier avait été expédié au
parlement de Toulouse, et l'Evêque avait rendu une Ordonnance par laquelle *il condamna le curé Cussac à un mois et
un jour de Séminaire* [1].

La feuille janséniste parle encore du curé de Sainte-Anne
à propos d'un sermon que celui-ci prêcha dans la cathédrale de Montpellier, le jour de la fête de saint Pierre,
devant l'Evêque et le Chapitre. « Il a présenté, dit-elle,

[1] *Nouvell. eccl.*, n° du 5 août 1767.

ouvertement l'ultramontanisme le plus grossier, joint à des traits qui caractérisent le pélagianisme. Cussac, ajoute-t-elle, a peu profité de la punition de M. de Durfort ; punition uniquement destinée à soustraire le coupable aux poursuites du parlement de Toulouse... *Le pacifique prélat*, environné d'esprits turbulents, que ses bons procédés ne font qu'aigrir, est singulièrement suspect aux ecclésiastiques du Séminaire, comme fauteurs d'hérésie, parce qu'il est très éloigné de vouloir autoriser le schisme...—M. de Durfort fut averti l'année dernière que son professeur de théologie, M. Bessière, parlait très peu convenablement, dans son *Traité de l'Eglise*, des quatre Articles de 1682. Il n'en résulta qu'une réprimande si douce que ce professeur a encore dicté cette année, dans un autre *Traité*, des propositions répréhensibles sur la même matière, donnant les quatre Articles pour de *simples opinions*, et renvoyant à ce qu'il avait déjà dicté dans son *Traité de l'Eglise*. Il a donc confirmé tout ce qu'il avait dit, bien loin de le rétracter. Un canonicat de la cathédrale étant venu à vaquer depuis peu, le chanoine en semaine, à qui appartenait la nomination de ce bénéfice, l'a donné à ce même professeur [1] ».

« *Gouvernement pacifique*, Prélat *pacifique* ». Telle est en somme l'appréciation, faite par les rédacteurs jansénistes, de l'administration de R. de Durfort et de sa personne. C'est beaucoup de la part d'une feuille qui prenait à tâche de malmener les évêques défenseurs des saines doctrines. Il faut convenir que cet éloge en vaut bien un autre. Il y a plus cependant ; les *Nouvelles ecclésiastiques* ne vont-elles pas jusqu'à proposer ses Mandements comme des modèles à suivre ? Elles honorent d'une attention particulière son Mandement pour le carême de 1773[2].

---

[1] *Nouvell. eccl.*, n° du 1er août 1770.
[2] *Mandement pour le Carême*, 15 février 1773, 10 pages in-4°.

« Le Prélat, disent-elles, avoit déjà instruit ses diocésains, l'année dernière, sur l'obligation d'embrasser les exercices laborieux de la Pénitence et de faire servir à la justice les membres qui ont servi à l'iniquité. Cette année-ci, il fait voir que les austérités et les macérations du corps, quelque essentielles qu'elles soient, sont après tout les dehors et comme l'écorce de la Pénitence ; que ce qui en est l'âme et la fin, c'est la destruction du péché et le changement du cœur, qui est renversé jusqu'aux fondemens et reçoit un nouvel être. Pour remplir ce dessein, M. de Durfort met en thèse un beau passage du concile de Trente sur la Justification, et s'attache ensuite à en développer la pure et lumineuse doctrine. Il établit que le premier pas du pécheur vers la justice est de ranimer sa foi, laquelle produit d'abord la crainte et ensuite l'espérance. Il explique ces divers degrés de la conversion d'une manière aussi instructive qu'éloquente. Mais, continue-t-il, pour nous relever de nos chutes et réparer nos ruines, il ne suffit pas de croire, de craindre et d'espérer ; il faut encore un commencement d'amour pour la justice. Celui qui s'abstient du péché, dit saint Augustin, par la crainte du châtiment et non par l'amour de la justice, n'est pas pour cela détaché du péché et dépouillé de la volonté de le commettre. La preuve en est dans le cœur de l'homme. Qu'est-ce que la conversion ? sinon un mouvement de l'âme qui se détourne de la créature et se retourne vers Dieu. Or, on ne se détourne de la créature qu'en cessant de l'aimer, et on ne se retourne vers Dieu qu'en l'aimant ; parce que l'amour étant le poids de la volonté humaine, il la penche et l'incline à son gré... Comment pourrions nous concevoir une ferme résolution de changer de vie et d'observer une loi toute d'amour et de charité, sans ressentir la moindre étincelle de ce feu céleste ? Quand vous n'avez que des larmes

que la terreur fait répandre, ce n'est encore que l'eau et
le baptême de Jean ; quand vous commencez à aimer Dieu,
comme la source et l'auteur de toute la justice, Jésus commence à vous baptiser intérieurement de son feu, et son
sacrement achèvera l'ouvrage. Loin de nous ces péni-
tences froides et vuides *du suc et de l'esprit de la reli-*
gion, où le cœur n'apporte que de l'indifférence et du
dégoût : pénitence plus capable de fomenter les crimes que
de les détruire et de les déraciner... Un pareil changement
de cœur n'est pas l'ouvrage d'un jour. Est-il donc si facile
de déraciner des habitudes invétérées, de s'indigner contre
ses faiblesses et de s'arracher de vive force à soi-même ?
L'esprit de Dieu souffle, il est vrai, où il lui plaît et quand
il lui plaît ; mais ordinairement il n'opère que d'une
manière douce ; tout se développe par gradation. Les com-
mencements de la conversion tendent à la vie, mais ne
la contiennent pas encore. Il faut, pour la recevoir, que
la pénitence soit arrivée à une certaine maturité. Par là,
nous connaissons la plaie profonde que le péché a fait
dans notre âme : et, s'il en coûte de longs gémisse-
ments et de grands travaux pour revenir à la vie, aussi en
est-elle plus ferme et plus assurée. On conserve avec soin
ce qu'on a recouvré avec plus de peine... Que penser,
après cela, de ces lâches ministres, qui mettant des coussins sous les coudes des pécheurs, suivant l'expression
d'un prophète, coupent le nerf de la discipline et le frein
de la licence ! Ce sont des médecins, dit saint Cyprien,
qui couvrent les plaies des blessés et renferment le poison
dans leurs entrailles. Ils annoncent la paix, et, au lieu de
paix, c'est la guerre. Sous l'apparence de piété et de tendresse, c'est impiété et cruauté. Leur molle condescendance,
loin de réconcilier le pénitent, lui ferme la porte du salut...
On empêche le pécheur de pleurer ; on calme sa douleur...

Ce n'est pas remplir la fonction de juge : c'est faire le per-
sonnage d'ennemi. Ce n'est pas attirer la miséricorde du
Seigneur sur le coupable ; c'est, au mépris de Dieu, usur-
per son autorité et s'arroger ses droits ». Le prélat termine
ce Mandement par des exhortations pathétiques de recou-
rir à Jésus-Christ avec une pleine confiance en sa puissance
et en sa bonté [1].

« Dans un autre Mandement [2], qui ordonne des prières
pour demander à Dieu la sérénité du temps [3], M. de Durfort profite encore de cette occasion pour exciter les
pécheurs à la pénitence. Rentrons en nous-mêmes, dit-il,
reconnaissons que la nature est gouvernée, non par une
nécessité aveugle ou par le hazard, mais par une Providence attentive aux besoins de l'homme, et que les élé-
ments sont entre les mains de leur auteur comme autant
d'instruments dociles, pour exercer sur nous ou sa bonté
ou sa justice. La première source de tous nos maux est le
péché. Quoique le monde présent ne soit pas le lieu de
discernement des pécheurs et que le vice adroit y usurpe
souvent les récompenses dues à la vertu, il faut avouer,
néanmoins, que le Seigneur rompt quelquefois le majestueux silence où il se tient et que les fléaux publics sont
le digne chatiment des prévarications publiques. Or, si
Dieu est terrible dans le temps même de ses miséricordes,
lorsqu'il ne laisse tomber sur nous que quelques gouttes de
sa colère, que sera-ce lorsqu'il en présentera la coupe
entière et inépuisable, aux malheureuses victimes de ses
vengeances éternelles ! Laissons-nous pénétrer de cette

[1] *Nouvell. eccl.*, n° du 13 juin 1773.
[2] Daté du 13 mars 1773, 7 pag. in-4o.
[3] En d'autres circonstances et à la demande du Maire et des Consuls
de Montpellier, R. de Durfort avait prescrit des prières extraordinaires et
publiques pour obtenir la pluie. Nous mentionnerons en particulier son
Ordonnance du 9 mai 1767 (Arch. municip. de Montpellier, *Cérém.
Consul.*, n° VIII ; — Arch. des Pénit. Blancs, *10e Rég. des Délib.*).

idée, et qu'une vive appréhension des jugements de Dieu, amolisse la dureté de nos cœurs ! Cette crainte ne suffit pas, il est vrai, pour nous faire passer de l'état du péché à celui de la justice ; elle ne peut pas même nous disposer toute seule, comme je vous l'expliquai dernièrement, à recevoir la grâce dans le sacrement de Pénitence... ce qui ne peut être sans un commencement d'amour de Dieu ».

« M. de Durfort explique ensuite de quelle manière nous devons demander les biens temporels, et il donne, sur ce sujet, des instructions très utiles et très nécessaires. Il est juste, dit-il, que nous demandions les fruits de la terre, comme un soutien nécessaire de la vie humaine, et Jésus-Christ nous enseigne lui-même à les demander ; mais, après que nous aurons cherché d'abord le royaume de Dieu et sa justice. Les biens temporels ne doivent être désirés que dans leur ordre, avec crainte et avec réserve. Nous vous exhortons, N. T. C. F.. au nom de Notre-Seigneur, disait saint Augustin à son peuple, nous vous exhortons à ne demander jamais rien de ce qui est mortel et méprisable, par un désir fixe et absolu, mais seulement ce qui peut vous être utile ; car, certainement, vous ne savez ce qui vous est bon. Quelquefois, ce que vous croyez vous être avantageux est funeste, et ce que vous croyez devoir vous nuire vous sert. Vous êtes malades ; ne prescrivez point à votre médecin les remèdes qu'il vous doit donner, etc ».

Et, après les nombreuses citations faites par les *Nouvelles Ecclésiastiques*, cette feuille ajoute : « Combien ne serait il pas à souhaiter qu'on vît souvent, de la part de nos Evêques, des Mandements aussi solides et aussi édifiants ! On n'aurait pas la douleur de voir l'incrédulité faire tant de ravages [1] ! ».

[1] *Nouvell. eccl.*, n° du 13 juin 1773.

III. — Un des grands moyens employés par l'Evêque pour empêcher son troupeau d'être séduit par les fausses doctrines, fut la vigilance sur le choix des prédicateurs appelés dans son diocèse. Ce moyen, il le tenait de ses deux prédécesseurs immédiats ; un registre était ouvert à la chancellerie épiscopale, sur lequel on inscrivait les noms de tous les membres du clergé séculier ou régulier qui devaient annoncer la parole de Dieu, soit pour l'avent, soit pour le carême. Les grandes églises, paroissiales ou autres, au nombre d'environ 37, étaient évangélisées pendant le carême tout entier ; les autres pendant une quinzaine de jours seulement ; mais toutes étaient favorisées de prédications spéciales à l'époque de l'accomplissement du devoir pascal. Trois catégories de ministres de la parole montaient dans les chaires. C'étaient d'abord, dans les petites localités, les pasteurs eux-mêmes qui rompaient le pain évangélique à leurs paroissiens. Pour peu que les paroisses eussent de l'importance, elles étaient préparées à la communion annuelle par les prieurs-curés du voisinage. Enfin, dans les grandes églises, on avait des religieux : Récollets, Capucins, Augustins, Carmes, Cordeliers, Trinitaires et de la Merci. Les Pères de la Compagnie de Jésus, si fréquemment appelés autrefois, ne paraissaient plus [1].

IV. — A la Révocation de l'Edit de Nantes, les Protestants qui ne sortirent point du Royaume reçurent de l'administration civile le nom officiel de «Nouveaux Convertis» ou «Nouveaux Catholiques ». Ils se virent contraints à se soumettre à certaines mesures dont la violation entraînait des amendes. Le produit de ces amendes et celui des Eco-

[1] Arch. de l'Hérault, G. IV, 27, *Rég. de la Nomination des Prédicateurs de 1739 à 1771, in-f°.*

nomats[1] étaient généralement affectés, dans le Languedoc,
à l'œuvre des Missions et à l'éducation des enfants pauvres
appartenant à des parents protestants ou Nouveaux Convertis. Il en était ainsi en particulier dans le diocèse de
Montpellier. Il existe, aux Archives du Département de
l'Hérault[2], un *Etat des sommes payées pour les Missions au
Diocèse de Montpellier, depuis le 1er janvier 1758 jusques en
1784 inclusivement*. Mais, pendant cette période, la caisse
des Amendes était à sec, ou à peu près, et celle des Econo-
mats impuissante à suffire aux frais des Missions. Les Etats
de la province y pourvurent et fournirent, toutes les années,
pour le diocèse de Montpellier, une somme variant de
4,940 à 1,247 livres. Sous l'épiscopat de R. de Durfort,
il fut alloué pour les Missions proprement dites une
somme totale de 2,476 l. 10 s. 10 d., répartie en trois
annuités, savoir :

En 1768........	165 livres	» s.	» d.
1769........	677 —	10 —	10 —
1770........	1634 —	» —	» —

Le chef des missionnaires était l'abbé Farjon, vicaire
général de l'évêque, homme plein de zèle et jouissant à
juste titre de toute la confiance du prélat.

A part ces prédications, que nous appellerons extraordinaires, il y en avait deux autres permanentes. La première
avait pour objet les Nouveaux Convertis, enfermés à la Citadelle et confiés non pas à un prêtre ayant le titre de chapelain ou d'aumônier, mais à un « missionnaire royal »
dont le traitement annuel et anticipé par semestre était de
400 livres[3]. La seconde prédication permanente n'était

---

[1] Nous sommes entré dans de longs détails à ce sujet, dans notre vie
de l'*Evêque F.-R. de Villeneufve* pag. 120–130.

[2] *Fonds de l'Intendance*, C. 515.

[3] Pendant longtemps le titulaire fut le P. Pons, remplacé en 1764 par
l'abbé Beaumont de Saint-Maurin.

autre que l'Œuvre de la Propagande comprenant deux maisons, l'une pour les garçons, l'autre pour les jeunes filles, établie pour l'éducation et l instruction des enfants des Nouveaux Convertis. Toutes les années, cette œuvre recevait la somme de 1,080 livres, payée par le trésorier des Etats de Languedoc, sur le fonds des Missions [1].

V. — R. de Durfort ne négligea rien de ce qui tenait à la bonne organisation de son clergé. C'est ainsi qu'il s'occupa du rétablissement de la pénitencerie dans sa cathédrale. Le dernier ecclésiastique chargé des fonctions de pénitencier avait été nommé le 17 mars 1700 par le janséniste Colbert. L'acte d'institution est contresigné par François-Aimé Pouget, prêtre de l'Oratoire, docteur en théologie, abbé de N.-D. de Chambon, si connu par ses *Institutiones Catholicæ, in modum catecheseos*. L'acte portait, en outre, la signature de Jacques Trémond, prêtre, alors chargé de l'administration de la paroisse de N.-D. des Tables, devenu peu après prieur de l'Espéron et supérieur du monastère de Sainte-Ursule de Montpellier (16 mai 1707) ; un dernier contre-seing était celui de l'abbé Pionneau, secrétaire de l'Evêché. Le titre de pénitencier était confié à François de Reversat de Céletz de Marsac, prêtre du diocèse de Mende, docteur en théologie de la Faculté de Paris et chanoine de Saint-Pierre. Peu d'années après, F. de Reversat recevait du même évêque des lettres de vicaire général. Colbert disait avoir voulu se conformer aux prescriptions du concile de Trente, lequel ordonnait que, dans les églises cathédrales, lorsque la chose se pourrait, un chanoine serait nommé pénitencier et dispensé de l'assistance au chœur pendant qu'il serait occupé à entendre les confessions. L'Evêque ordonnait aux dignités, person-

[1] Arch. de l'Hérault, *Fonds de l'Intendance*, C, 515 et 516.

nats et chanoines de son église cathédrale de reconnaître
François de Reversat comme pénitencier et de le faire
jouir des droits, honneurs et prérogatives voulus par le
droit-canon et par le Concile de Trente. Il déclarait cependant ne pas vouloir unir encore l'office de pénitencier à
aucun canonical ou prébende [1].

A la mort de Colbert, le chanoine de Reversat, avait lu
aussi, disparu de ce monde ou tout au moins de notre diocèse. Les Evêques de Charancy et de Villeneufve ne jugèrent
pas à propos de lui donner un successeur. R. de Dufort
voulut rétablir les fonctions de pénitencier, après une
vacance de trente ans environ. Il s'en ouvrit au prévôt et
aux chanoines de sa cathédrale. Ceux-ci prirent une délibération (22 mars 1769), par laquelle ils accordèrent au
pénitencier la faculté de porter, dans l'église cathédrale, le
costume propre aux chanoines, savoir : le surplis et l'au-
musse. L'Evêque désigna, pour cet emploi, Jean-Fulcran
Broussonnet, prêtre du diocèse de Lodève, ancien archiprêtre forain du diocèse, bachelier en théologie ; mais à
titre révocable, lui et ses successeurs. Le prêtre pénitencier pouvait, en plus des droits attachés à sa charge, entendre les confessions de tous les fidèles du diocèse, même
au temps pascal, et jouissait de toute l'autorité attribuée à
l'évêque. Il lui était encore permis, en certains cas spéci-
fiés dans sa lettre de provisions, de communiquer à d'autres prêtres une partie de ses pouvoirs [2].

VI. — R. de Durfort veillait à ce que les règles de l'église
fussent observées en ce qui touchait à la collation des bénéfices. Citons deux exemples de sa conduite à cet égard.

[1] Arch. de l'Hérault, G. IV, 27, *Bénéfices ; Registre du 25 mai 1697
au 16 mai 1707*, pages 8 et 15.

[2] Arch. de l'Hérault, *Reg. n° XVIII des Bénéfices*, de 1766 à 1771
pag. 111 et suiv. — Voir, à nos *Pièces justificatives*, le n° VI.

F. S.   3

D'après la bulle de sécularisation du Chapitre cathédral de Maguelone et de sa translation à Montpellier, nul ne pouvait posséder les dignités ou personnats s'il n'était déjà et *de fait* chanoine de cette même église et faisant partie du chapitre (*nisi sit in eâ actu Canonicus et de gremio Capituli*). Or, un simple clerc du diocèse de Montpellier, mais déjà chanoine à Saint-Pierre, avait résigné son bénéfice moyennant finances, sans doute, comptant qu'il allait tout prochainement entrer en possession du personnat de la chantrerie dans le même chapitre, qu'il venait d'obtenir du pape Clément XIV. Informé de la conduite peu convenable du jeune démissionnaire, se conformant d'ailleurs aux prescriptions de la Bulle de Paul III (du 27 mars 1536), l'évêque déclara vacant le personnat, à raison de l'incapacité de celui qui avait fait trafic de son bénéfice. Celui-ci se trouva, de la sorte, tout simplement assis par terre, entre son canonicat résigné et son personnat manqué. La place fut donnée par le prélat, en raison de sa dignité et du droit qui lui était dévolu (*ratione dignitatis et jure devoluto*) à un prêtre originaire du diocèse de Fréjus, homme de mérite[1], déjà titulaire d'une chanoinie en l'église cathédrale Saint-Pierre, nommé Melchior de Giraud d'Agay[2].

VII. — A ce premier exemple de la juste fermeté de l'évêque de Montpellier, nous en ajouterons un second. Le 30 décembre 1772, mourut un prêtre, chanoine de la cathédrale, nommé Joseph-Pierre Nougarède. Le jour même de son décès, le chanoine Jean Pierre-Comte de Montmaur, étant de semaine et en tour de cheville pour conférer les bénéfices, dont la collation appartenait au chapitre cathé-

---

[1] Il devint un des vicaires généraux de M. de Malide, refusa le serment à la Constitution civile du Clergé et supporta courageusement la réclusion.

[2] Arch. de l'Hérault, *19e Reg. des Bénéfices*, — 15 juin 1773.

dral, nomma, pour remplir le siège tout fraîchement devenu
vacant, un jeune clerc du diocèse de Montpellier. L'acte
de nomination fut reçu par Me Granier, notaire apostolique
et royal ; mais l'élu se trouvait incapable de posséder un
bénéfice dans une église cathédrale quelconque, attendu
qu'il n'avait encore aucune connaissance de la langue dont
fait usage l'Eglise romaine. L'Evêque pensa qu'il était de
son devoir de repousser le candidat, dont l'incapacité était
notoire, et nomma en son lieu et place Jean Boyer, prêtre originaire de Rodez, professeur royal à la faculté de Droit, dont
les talents et la réputation étaient au-dessus de tout éloge.
Suivant ce qui se pratiquait alors, il lui fit souscrire la formule de profession de foi catholique contre le jansénisme,
et jurer, en outre, comme c'était l'habitude, qu'il lui serait
fidèle et obéissant, ainsi qu'à ses successeurs et qu'il
s'acquitterait avec zèle de ses fonctions de chanoine. Ceci
se passait le 15 janvier 1773, quinze jours après la mort
du chanoine Nougarède [1].

VIII. — En arrivant dans le diocèse de Montpellier,
l'Evêque en avait trouvé le territoire divisé en neuf archi-
prétrés, dont les titulaires, sorte de vicaires généraux
forains, n'étaient point attachés aux paroisses les plus
importantes, comme ils le sont de nos jours. Ils étaient
de modestes curés d'une paroisse quelconque, enclavée
dans le périmètre soumis à leur juridiction ; ce qui laissait
beaucoup plus de latitude à l'Evêque pour le choix de ses
fondés de pouvoirs, et la liberté de déplacer sa confiance,
sans déplacer ses archiprêtres, qui jouissaient du reste de
l'inamovibilité, en tant que prieurs-curés, curés ou vicaires
perpétuels. R. de Durfort recherchait dans ses archiprêtres

---

[1] Arch. de l'Hérault, *19e Reg. des Bénéfices*, pag. 44.

la probité, la piété, la science et, de plus, une aptitude spéciale pour les choses de l'administration. Il les chargeait de visiter au moins une fois par an, et plus souvent s'ils le jugeaient à propos, les églises paroissiales et les chapelles de leur archiprêtré. L'époque de la visite annuelle était fixée aux deux mois qui suivaient les solennités pascales. Ils devaient s'assurer si les Ordonnances rendues lors de la dernière visite pastorale étaient mises à exécution ; si depuis lors dans ces églises il n'était rien survenu de nature à réclamer de nouvelles Ordonnances ; s'il ne manquait rien des choses nécessaires à la décence du culte divin et de l'administration des sacrements ; si les curés portaient toujours l'habit ecclésiastique ; s'ils se conformaient aux prescriptions du dernier concile provincial, défendant aux ecclésiastiques d'avoir à leur service ou dans leur maison des personnes du sexe, âgées de moins de 50 ans, ou dont la vie passée pouvait être suspectée. Les archiprêtres devaient encore se renseigner sur les régents et régentes des écoles, sur leur enseignement et sur leur conduite. Dans les paroisses, toute chose ayant besoin de correction, à cause de son peu de conformité aux lois de l'Eglise et aux règlements diocésains, devait être signalée par un rapport adressé à l'Evêque dans le délai d'un mois [1].

IX. — Un des points sur lequel R. de Durfort se montrait d'une rigidité inflexible était la résidence des pasteurs dans leur paroisse. De nos jours, certains curés ont, en outre de la paroisse qu'ils habitent, une ou même deux annexes ou petites paroisses à desservir, et on n'y trouve pas à redire. A l'époque dont nous parlons, les choses ne se passaient pas ainsi. Quand un ecclésiastique avait deux

[1] V. *Pièces justificatives*, n° VII.

paroisses à régir, l'autorité diocésaine donnait un pro-curé
à celle dont le curé ne résidait pas ; l'évêque se croyant
tenu,en vertu de la sollicitude pastorale, à fournir un prêtre
à chaque paroisse. Ainsi, en 1769, un même individu était
en même temps curé de Valflaunès, où il n'habitait pas, et
des Matelles,où il avait sa résidence.L'Evêque fit choix d'un
prêtre sur lequel il croyait pouvoir se reposer. Il le chargea
du service religieux de Valflaunès, avec le titre de pro-
curé ; lui assignant, comme traitement annuel, la somme
de 300 livres, prise sur le revenu dont jouissait le titulaire[1].

Ce n'était pas seulement en pareille circonstance qu'on
avait recours à la nomination officielle d'un pro-curé. Le
lecteur a déjà vu plus haut (page 24) un religieux, Carme
du Palais, substitué au curé de Saint-Anne, lequel s'était
absenté deux ou trois jours, laissant à ses deux vicaires le
soin de la paroisse. Ces institutions étaient fréquentes. Les
pro-curés prenaient la direction des postes où les envoyait
la sollicitude épiscopale ; et, ce qu'il y a de curieux, c'est la
qualité de ces remplaçants. Ils étaient presque toujours pris
dans les rangs du clergé régulier et plus particulièrement
chez les Récollets, les Capucins, les Augustins et les religieux de la Merci.—C'était encore aux ordres religieux qu'on
s'adressait pour avoir une seconde messe dans certaines
paroisses, le *binage* étant rigoureusement défendu dans le
diocèse. Venus pour la messe, le dimanche et les jours de fête,
ces religieux servaient de secondaires du matin au soir, pour
la plus grande commodité des curés et des paroissiens[2].

X. — Une œuvre intéressait vivement R. de Durfort ;
c'était celle de la Miséricorde. Erigée en 1620, dans l'hô-

---

[1] Ce pro-curé était Antoine Boissonnade, originaire du diocèse de
Rodez, qui se livrait à la prédication dans celui de Montpellier. — V., le
N° VIII de nos *Pièces justificatives*.

[2] *Reg. des Bénéfices*, passim.

pital Saint-Eloi, elle fut transférée ensuite dans le monastère des Capucins (1626), puis dans l'église Notre-Dame
des Tables (1658). Elle avait, dans cette église paroissiale,
une chapelle dans laquelle s'acquittaient toutes les fondations dont elle était chargée. Cet établissement, dirigé par
des dames respectables, sous l'autorité de l'évêque, était
servi par des sœurs grises, au nombre de sept. A deux
reprises différentes (en 1757 et en 1760), l'évêque Renaud
de Villeneufve envoya des Mémoires à la Cour, pour
demander des lettres patentes en faveur de l'œuvre. Ces
instances, soutenues par l'intendant de la province, pro-
voquèrent des enquêtes qui n'aboutirent point. Raymond de
Durfort, successeur immédiat de Villeneufve, reprit avec
empressement les démarches demeurées infructueuses
jusque-là. Bientôt une lettre de Saint-Florentin (4 juillet
1768) lui donna quelque espoir, tout en réclamant de
nouveaux renseignements. Une troisième enquête fournit
les résultats suivants : — Thomas, secrétaire de l'œuvre,
certifia que les revenus étaient administrés par les
Dames en charge, sous les yeux de l'Evêque de Montpellier, et que ce prélat réglait lui-même les comptes des
recettes et des dépenses tenus par la dame trésorière. —
L'abbé Castan, curé de la paroisse Notre-Dame des
Tables, reconnut la grande utilité de l'œuvre pour les
habitants de la ville, à cause des secours abondants
qu'elle fournit « à tous les pauvres quelconques » et
qu'elle devait être assimilée à l'œuvre des deux hôpitaux.
—Six docteurs en médecine déclarèrent «avoir été nommés
par les dames de la Miséricorde, présidées par l'Evêque,
leur supérieur, à la place de médecins de ladite œuvre. Ils
exercent journellement leurs fonctions, chacun dans son
quartier, non seulement en faveur des pauvres honteux,
mais encore des convalescents sortis de l'hôtel-Dieu Saint-

Eloi et de tous autres qui ont recours à eux. Sur leurs ordonnances, bouillons, pain, viande, médicaments leur sont fournis, de même que matelas, traversins, couvertures et linges de toute espèce. L'œuvre est d'une utilité aussi grande pour les habitants que les hôpitaux». — Cinq maitres-jurés en chirurgie affirmèrent que «les secours fournis par la Miséricorde sont très abondants et peuvent être assimilés à ceux que fournissent les hôpitaux par la quantité des pauvres honteux et autres qu'elle assiste journellement». — Par ordre de l'intendant, on fit une recherche exacte des revenus et des dépenses de l'œuvre. On trouva que « les revenus, déduction faite des charges (tailles, vingtièmes et réparations annuelles) s'élevaient à 6,280 livres 5 sous 10 deniers, et que les dépenses étaient de 17,058 livres 7 sous 2 deniers, année commune. Et, malgré cette infériorité de recettes fixes, assurées par actes notariés, la Miséricorde fonctionnait avec aisance, soutenue qu'elle était par les offrandes spontanées des fidèles».L'*Etat des Rentes fixes en contrat*, dont jouissait l'œuvre, nous a paru devoir intéresser le lecteur ; nous le donnons à nos *Pièces justificatives* (N° IX). Après tous ces renseignements favorables, les Lettres patentes furent accordées au mois d'octobre 1771, à l'Evêque de Montpellier, en faveur de la Miséricorde. Elles assimilaient cette œuvre aux hôpitaux de Montpellier et lui permettaient de recevoir, dans les mêmes conditions que ceux-ci, à titre de legs et d'institution, toutes sortes de biens de quelque nature et qualité qu'ils fussent[1].

---

[1] Arch. de l'Hérault. Fonds de l'Intendance, C, 512, *Dossier de la Miséricorde* de Montpellier ; — CREUZÉ DE LESSERT, *Statistique du Dép^t de l'Hérault*, pag. 424.

CHAPITRE III.

I. — Il est de notre devoir de mentionner une œuvre considérable accomplie sous l'administration de R. de Durfort : la rédaction d'un *Bréviaire*, d'un *Missel* et d'un *Rituel* à l'usage du diocèse de Montpellier. La réunion des manuscrits de ces divers travaux liturgiques forme cinq énormes volumes, dont quatre pour le Bréviaire, un pour le Missel, à la suite duquel on a joint le Rituel, et qui sont précieusement conservés dans la bibliothèque du grand-séminaire. Au frontispice de ces ouvrages, il est dit qu'ils sont publiés avec l'assentiment du chapitre cathédral. Bien que la nouvelle liturgie n'ait pas été mise en pratique ni même livrée à l'impression, nous allons la faire connaître ; les détails dans lesquels nous allons entrer, ne seront point inutiles au lecteur ; ils lui permettront de se faire une juste idée de l'état de notre ancien diocèse.

II. — Le *Bréviaire* est précédé d'un long Mandement latin. Nous ne saurions mieux faire, pour présenter un compte rendu fidèle de ce volumineux ouvrage, que de résumer ce qu'en dit l'Evêque lui-même. Après avoir parlé de la nécessité de la prière pour les ecclésiastiques, le prélat rappelle que, dès l'origine des églises particulières, certaines formes de prières avaient été réglées et imposées à leurs ministres, ainsi que le démontrent les anciens sacramentaires et qu'il ressort des livres liturgiques de notre ancien diocèse de Maguelone. Mais ces livres, rédigés par les Souverains Pontifes, étaient devenus fautifs par le fait des copistes, au point que les pères du Concile de Cologne (1536) désiraient leur correction; que Benoit XIV s'occupa activement de cette réforme et que, en France, beaucoup d'évêques, recommandables non moins par leur piété que par leur science, travaillèrent également à la correction du Missel, du Rituel et du Bréviaire. « A leur exemple, continue M. de Durfort, et dès notre arrivée dans le diocèse de Montpellier, nous nous sommes appliqué à ce que, dans l'office divin, tout fut conforme aux règles de la foi, des mœurs, de la tradition, des écrits des Saints Pères et des décrets des Conciles. Nous avons voulu encore proposer les illustres exemples de vertu que l'Eglise admire dans la vie et dans la mort des saints, afin de nourrir la piété des fidèles, d'instruire leur foi, d'enflammer leur ferveur. Notre mère, la Sainte Eglise, enseigne, en effet, que la pratique de la religion repose principalement sur la soumission et l'adoration de l'esprit et du cœur, et que le culte à rendre aux saints ne doit pas consister en une simple admiration, mais surtout dans la fidèle imitation de leurs vertus. Et comme, suivant le langage de l'Apôtre, *nous sommes redevables aux sages et aux simples,* nous avons cru de notre devoir de rendre compte des changements apportés par nous au Missel et au Bréviaire ».

L'Evêque explique d'abord le motif pour lequel la fête de la Visitation de la Sainte-Vierge, marquée au 2 juillet, a été placée au 21 juin. On a voulu suivre l'ordre chronologique dans lequel se sont accomplis les mystères de l'Annonciation et de la Visitation. — La commémoraison de saint Paul, apôtre, du 30 juin, a été transférée au 8 août, afin que la solennité commune à ces deux grands apôtres et leur octave ne fût point interrompue. Ce transfert permet de rendre à saint Paul le même honneur qu'à saint Pierre. — On a également déplacé certaines fêtes de saints, par la raison que, suivant l'ancien usage de l'Eglise, il n'est pas permis de les célébrer au temps de l'avent et du carême. En effet, dans la primitive Eglise, on ne célébrait, à ces deux époques, la fête d'aucun saint. Les fidèles étaient de la sorte invités à imiter l'exemple des patriarches et des prophètes et à s'occuper uniquement des grands mystères. Nous n'avons conservé pendant ce temps que les fêtes des apôtres et celles où les œuvres serviles sont interdites. Nous avons introduit la célébration de certaines fêtes inconnues jusqu'ici dans notre diocèse. — Le psautier a été divisé de façon à pouvoir être récité en entier dans l'espace d'une semaine ; nous conformant, en cela, aux règles tracées par le concile de Reims, et par le concile de Narbonne. — Pour la fête des patrons des églises ou paroisses du diocèse, nous avons ajouté des leçons pour toute l'octave. Elles sont tirées des Saints Pères et bien propres à nourrir la piété de ceux qui doivent les réciter. — A l'office de chaque jour, est assignée une pensée dominante : *Au dimanche*, qui est le jour de la résurrection de Jésus-Christ et de la promulgation de la loi chrétienne, l'amour de la loi nouvelle. *Au lundi*, la charité de Dieu pour les hommes. *Au mardi*, l'amour du prochain. *Au mercredi*, l'espérance chrétienne. *Au jeudi*, la foi. *Au vendredi*, la passion de Notre-Seigneur. *Au samedi* enfin, la reconnaissance pour tous les bienfaits reçus de Dieu. — A l'office de prime et de complies, ont été ajoutés des extraits des canons des conciles, des leçons du Nouveau Testament et surtout des épitres de saint Paul. — Les leçons des nocturnes sont tirées de la seule Ecriture Sainte, tant pour les offices du temps que pour ceux des saints. Il en est de même pour les antiennes, les versets, les capitules, les répons, les absolutions et les bénédictions. Pour les leçons et homélies extraites des Saints Pères, on s'est attaché à ce que tout porte le lecteur à l'instruction et à la piété. — Les histoires des saints, débarrassées de ce qu'elles tenaient d'une époque barbare (*barbaræ ætatis*), ont été rétablies selon la vérité ; de telle sorte qu'elles ne présentent aucun miracle, aucun exemple de vertu qui ne soient conformes aux monuments historiques. — Beaucoup d'hymnes respirent une tendre piété, en même temps qu'elles présentent une forme poétique. — Et l'Evêque termine ainsi son Mandement pour le Bréviaire : « Nous espérons que cette belle œuvre que nous vous offrons, Frères bien-aimés, vous sera très agréable et que, bientôt connue de vous tous, elle vous sera très utile. C'est pourquoi, après avoir consulté nos vénérables Frères, dignités, personnats et chanoines de notre Eglise Cathédrale, nous ordonnons à toutes et chacune des Eglises collégiales, communautés tant séculières que régulières et à tous les clercs obligés à la récitation de l'office divin de faire usage désormais de notre Missel, Rituel et Bréviaire ; leur défendant expressément de réciter, à l'avenir, d'autre office, tant en public qu'en particulier ».

III. — Le Mandement placé en tête du *Missel* est une sorte de traité dogmatique sur les sacrifices en général et sur le sacrifice de la Messe, représentation de celui de la croix, et une pieuse exhortation sur les sentiments qui doivent animer les prêtres au saint autel et les fidèles assistant à la messe. Rien de particulier pour la contexture du Missel ; tout a été dit dans le Mandement du Bréviaire. Ces ordonnances épiscopales portent la date du 21 avril 1771, sont signées de l'évêque et contre-signées du secrétaire de l'évêché, l'abbé Lambert [1].

IV. — Le *Rituel* est écrit à la suite du Missel et comprend 57 pages. Les matières y sont classées dans un autre ordre que dans le Rituel romain et présentent bien souvent une forme nouvelle. Sans nous attacher à dresser ici le relevé du manuel préparé par l'Evêque, ce qui nous arrêterait trop longtemps, nous en signalerons les points les plus saillants.

Qu'on parcoure les litanies chantées aux processions de la fête de saint Marc et des Rogations. On y remarquera les noms des saints que nous honorons ici d'un culte particulier, soit parce qu'ils sont nés dans notre pays ou tout au moins dans notre région, soit parce qu'ils sont titulaires ou patrons des églises paroissiales et des communautés religieuses établies dans la ville épiscopale ou dans le reste du diocèse. — Pour la fête de la Délivrance de Montpellier (20 octobre), après la grand'messe, célébrée à la cathédrale, une procession solennelle se développait dans les rues, le Saint-Sacrement étant porté en triomphe comme pour la Fête-Dieu. Au retour, on chantait cette hymne :

[1] L'abbé Lambert, déjà connu du lecteur, émigra pendant la Révolution et dut mourir à l'étranger, car nous n'avons plus retrouvé son nom sur aucun document.

Exulta, lauda
Filia Sion :
Rex domat urbem
Et sua Christo
Redditur ara.

Flumina plaudant,
Plaudite montes,
Vosque triumpho
Hâc die læti
Plaudite cives. Amen.

Aux *Prières du Prône*, le Rituel rappelle le Canon *Omnis utriusque sexus* du quatrième concile œcuménique de Latran, qui impose à tous les fidèles parvenus à l'âge de discrétion, l'obligation de la communion pascale, puis il ajoute : « Mgr l'Évêque fixe l'âge de discrétion dans les filles à 12 ans et des garçons à 14, et il détermine le temps pascal à 15 jours, qui doivent commencer au lever du soleil le dimanche des Rameaux et finir le premier dimanche d'après Pâques, à midi ».

Dans un grand nombre de paroisses on est dans l'habitude de réciter le chapelet ou le rosaire. L'Évêque voudrait voir cette dévotion s'établir dans toutes les autres églises ; dans ce but, il donne une pieuse méthode pour la récitation du rosaire, qu'il fait suivre de trois litanies à dire après le rosaire et qui varient suivant l'époque. Du premier dimanche de l'Avent au jour des Cendres exclusivement, ce sont *les Litanies du Saint Enfant Jésus.* Depuis les Cendres jusqu'à Pâques, *les Litanies des Pénitents*, qui seraient peut-être mieux intitulées *les Litanies de la Pénitence.* De Pâques à l'Avent, *les Litanies de la Sainte-Vierge.* Pour la procession dite du *Vœu de Louis XIII*, le jour de l'Assomption, on doit, dans toutes les paroisses, chanter d'autres litanies de la Sainte-Vierge, en tout différentes de celles de Lorette et dont les invocations pieuses sont tirées de l'Ancien et du Nouveau Testament.

V. — Tels sont les livres liturgiques préparés en 1771 et qui n'avaient plus besoin que d'être imprimés. Ils ne le furent pourtant pas, et nous nous demandons pour quelle raison. La dépense? C'est possible, mais nullement probable ; un autre motif nous parait plus naturel ; c'est le catholicisme bien convaincu et bien dévoué de l'Évêque Durfort. En se livrant à une innovation capitale dans les choses du service divin, il avait cédé à l'entraînement général de l'époque, aux mœurs gallicanes créées par l'application des fameux articles de 1682, lesquels devaient (aidés par les jansénistes et les philosophes du xviiie siècle) préparer la déplorable constitution civile du clergé et le schisme de 1791. En bien des cas, nos évêques se passaient assez facilement du Souverain Pontife et s'attribuaient, dans leur diocèse respectif, les pouvoirs du chef de l'Eglise. De là, le bouleversement universel introduit dans beaucoup de livres liturgiques, missels, bréviaires, rituels et autres. Bien que l'œuvre de Raymond de Durfort fût lancée et sur le point d'aboutir, cet évêque eut le courage d'en arrêter la marche, et nous croyons avoir trouvé la raison de sa conduite dans ses sentiments de respect et de dévouement pour l'unité catholique et dans sa déférence pour l'autorité du successeur du Prince des Apôtres. Nous ne pouvons donc penser que la conservation du rite romain doive être attribuée au départ de M. de Durfort, nommé à l'archevêché de Besançon, comme l'a supposé M. le chanoine Maubon, pro-secrétaire de l'Evêché de Montpellier, dans une étude, qui, pour être un début, n'en est pas moins une œuvre magistrale [1]. Le siège épiscopal de Montpellier ne devint vacant que le 5 mai 1774, par la démission de M. de Durfort. Du 21 avril 1771 au 5 mai 1774, cet illustre Evêque avait bien le temps de livrer son manuscrit à l'impression. S'il ne l'a pas fait, c'est qu'il ne l'a pas voulu. A lui donc tout le mérite de nous avoir laissé la liturgie romaine. Elle restait avec le *Propre du Diocèse*, rédigé par Villebrun, curé de Sainte-Anne, sous l'épiscopat du janséniste Joachim de Colbert. Or, dans les dernières années de l'administration de M. de Durfort, les prêtres du diocèse se plaignaient de n'avoir plus d'exemplaires de ce *Propre*, imprimé en l'année 1736 [2].

Les plaintes furent transmises aux députés de l'Assemblée du clergé du Diocèse, par le chanoine Farjon, syndic du clergé, le lundi 31 janvier 1774. Il demanda que le Bureau voulût bien l'autoriser à traiter avec le sieur Rochard, imprimeur du Diocèse, «pour la réimpression de 200 exemplaires du Supplément du Missel du *Propre du Diocèse*». Le Bureau l'y autorisa, mais ce supplément ne fut point imprimé ; sans doute à cause du prochain déplacement de l'Evêque, dont le bruit circulait déjà.

VI. — On n'avait pourtant pas abandonné la pensée de livrer à l'impression les cinq gros volumes du *Propre du Diocèse* ; ou si on l'avait abandonnée, l'on y était revenu. En voici la preuve matérielle : La *Tabella temporatia festorum mobilium*, qu'on voit en tête des Missels, a subi une transformation dans le Missel manuscrit. Le premier feuillet en a été enlevé et adroitement remplacé par un autre, présentant un papier et une écriture analo-

[1] *Les Livres liturgiques du diocèse de Montpellier.*
[2] *Supplementum Missalis pro insigni Ecclesia Cathedrali et Diœcesi Montispessulani.*

gues. Puis, la série des années marquées à la colonne *Anni domini*, laquelle devait commencer dès l'année 1771 ou 1772, ne commence qu'en 1803 ! A la restauration du culte, lors du Concordat de 1801, on avait donc songé à reprendre la réforme abandonnée depuis plus de trente ans ! Quels furent les auteurs de ce retour ? Peut-être les vicaires généraux de M. de Malide, agissant sur ses indications. Et quels furent les promoteurs de l'abandon définitif de cette publication ? Sans en avoir d'autres preuves que les sentiments bien connus de M. Coustou, de M. Poujol, et autres confesseurs de la foi, nous pensons que c'est à eux qu'il faut l'attribuer.

VII. — Il est cependant un livre liturgique auquel M. de Durfort donna son concours efficace. C'est l'*Office pour la fête des Miracles de Notre-Dame des Tables*, imprimé en 1772. Déjà l'évêque J. de Colbert avait inséré un office particulier pour ce jour dans le Propre du Diocèse. L'abbé François Castan, curé de Notre-Dame, obéissant à un sentiment de piété envers la patronne de son église, avait eu la pensée de faire rédiger un office spécial pour sa paroisse, auquel l'évêque donna son approbation. On avait fait entrer dans la composition de ce travail, en partie du moins, ce qui se trouvait dans l'ancien Rituel de Maguelone et dans le Propre de Montpellier ; mais il manquait d'unité, car on y rappelait à la fois l'histoire de l'église et celle des miracles de Notre-Dame des Tables ; il lui manquait aussi l'approbation du Saint-Siège. Dans la suite, en 1858, sous le curé Vinas, l'office fut remanié et soumis par Mgr Thibault à la Sacrée Congrégation des Rites, qui l'approuva la même année.

VIII. — En 1767, les chanoines réguliers Trinitaires, établis en l'église Saint-Paul, à Montpellier, célébrèrent un triduum solennel, à l'occasion de la béatification d'un religieux espagnol de leur ordre, Simon de Roxas[1] Les fêtes se clôturèrent le 11 février, avec le concours de la confrérie des Pénitents Bleus. Il est curieux de voir l'importance qu'on attachait alors à toutes les questions d'étiquette. Une délibération de la compagnie prévit tous les détails et régla le programme de la cérémonie. La première chose était de savoir si l'Evêque permettrait aux Pénitents de prêter leur concours aux Trinitaires. Une députation envoyée au Prélat revint munie de toutes les autorisations nécessaires ; l'autorité diocésaine voyant avec bonheur ces manifestations religieuses. Cela fait, on entra en pourparlers avec le supérieur des chanoines réguliers, afin de régler toutes choses. D'un commun accord, on arrêta que deux Trinitaires, en manteau long, se rendraient à la chapelle des Pénitents, pour y prendre la compagnie, et que deux autres religieux, en surplis et aumuse, la recevraient à l'entrée de Saint-Paul. Le même cérémonial devant être répété le soir à 2 heures et demie, pour les vêpres ; d'autres religieux seraient désignés pour ramener la confrérie jusqu'à la porte de Saint-Paul, et l'accompagner à sa chapelle. Les pénitents, par délibération, dispensèrent les deux chanoines réguliers de ramener la procession, mais n'acceptèrent ni de faire la quête, ni de stationner en sac devant le Saint-Sacrement. Ils invitaient les membres de la compagnie à faire l'adoration individuellement et sans sac. D'après ce qui avait été fixé, le cortège se mit en marche, à 10 heures du matin, dans l'ordre suivant : Les deux suisses, le bedeau et le maître des cérémonies

---

[1] Né à Valladolid le 28 octobre 1552, décédé le 29 septembre 1624, et béatifié le 14 mai 1766.

porte-baguette ; la croix et les acolytes ; deux thuriféraires avec les porte-navettes ; un très grand nombre de frères ; deux chœurs, chantant alternativement les strophes de l'hymne *Iste Confessor* ; le second prévôt ; les deux chanoines réguliers ; l'aumônier de la compagnie ; les diacre et sous-diacre en ornements blancs. Les pénitents furent placés, seuls, dans une sorte de chœur qui leur avait été réservé entre la sainte-table et la chaire. Après la messe, chantée par l'aumônier, on exécuta le *Domine, Salvum fac.* Le soir, les vêpres furent suivies du panégyrique du bienheureux, prêché par le P. Georges, grand Carme (désigné par la Compagnie), de la bénédiction et du *Te Deum* [1].

Les mêmes cérémonies, à peu de chose près, avaient été exécutées la veille par les Pénitents Blancs. Les offices, ce jour-là, furent présidés par l'aumônier, et le P. Pierre Dulys, religieux Augustin, donna le sermon [2].

IX. — Deux ans après, on vit à Montpellier de nouvelles fêtes, qui ressemblèrent beaucoup à celles dont nous venons de parler, mais qui furent beaucoup plus solennelles. En 1767, le pape Clément XIII avait canonisé Madame de Chantal, fondatrice de l'ordre de la Visitation Sainte-Marie, et néanmoins les fêtes auxquelles on voulait donner beaucoup d'éclat au monastère de Montpellier, n'eurent lieu qu'au mois de janvier de 1769. M. de Dufort, qui tenait beaucoup à les présider, avait été retenu à Paris, auprès du roi, chargé qu'il était par les Etats de la Province de présenter le cahier des doléances. Son retour avait presque coïncidé avec la nouvelle convocation de cette grande assemblée. Avant même qu'elle se fût séparée, notre Evêque avait publié un Mandement pour régler la durée

[1] Arch. des Pénit. Bleus. 7ᵉ *Reg. des Délib.*, pp. 188 et suiv.
[2] Arch. des Pénit. Blancs.

et l'ordre des cérémonies et disposer ses diocésains à en profiter. Il traçait un résumé de la vie de la Mère de Chantal et se félicitait lui-même d'avoir en elle un modèle si parfait à offrir à son troupeau. Il exhortait les fidèles à mettre en elle leur confiance et surtout à se faire un devoir et une gloire d'imiter ses éminentes vertus. Il ordonnait que, le samedi 14 janvier, on sonnerait toutes les cloches de sa ville épiscopale et des faubourgs, depuis 2 heures jusqu'à 3, et que le clergé séculier et régulier se rendrait à 2 h. et demie, à l'église cathédrale, pour aller en procession à la chapelle de la Visitation, assister à la publication solennelle de la Bulle de canonisation et aux premières vêpres qui allaient ouvrir l'octave. Les consuls, accompagnés du greffier municipal, tous en robe de cérémonie, étaient venus eux aussi à la cathédrale et se joignirent au cortège, qui s'ouvrait par la bannière de la sainte, les tambours et les trompettes. Dès que le prélat fut parvenu à son trône, la Bulle de canonisation lui ayant été présentée, dans un bassin d'argent, par l'aumônier de la maison, Mgr de Durfort, revêtu de ses ornements pontificaux, l'encensa et la remit au grand-archidiacre, qui monta en chaire pour en faire la lecture, laquelle toute l'assistance écouta debout, à l'exemple de l'officiant. Aussitôt après, les cloches se mirent en branle, les bombes et les boîtes d'artillerie, placées devant toutes les églises paroissiales et autres, joignirent leurs bruyantes détonations au bruit des tambours et des trompettes. Tout ce pieux vacarme d'une dévotion triomphante, auquel n'étaient nullement habituées les saintes filles de la Visitation, ne fut pas sans leur faire éprouver un certain saisissement religieux, partagé du reste par bien d'autres personnes. On exposa le Saint-Sacrement, puis l'Evêque entonna les premières vêpres qui furent chantées par les musiciens de la cathédrale. La céré-

monie, ce jour-là, se termina par la bénédiction du Saint-
Sacrement ; le cortège se retira dans le même ordre
qu'il était venu et se disloqua à la cathédrale. Cette première procession servit de règle et de modèle pour celles
des jours suivants. Elles furent toujours précédées, soit à
l'aller soit au retour, par la bannière de la Sainte, portée par
des ecclésiastiques, et par les tambours et les trompettes.
Le dimanche 15, à 10 heures du matin, les consuls et greffier se rendent de nouveau à la chapelle, mais sans passer
par la cathédrale. Peu après, l'Evêque et le Chapitre arri-
vent. La messe est célébrée par Mgr de Durfort. Tous les
jours de l'octave, il dit la messe de communauté, assiste à
l'office du soir et donne lui-même la bénédiction. Le
lundi, l'office est célébré par les chanoines de la collégiale
Sainte-Anne ; le mardi, par la paroisse Saint-Pierre ; le
mercredi, par la paroisse Notre-Dame des Tables; le jeudi,
par celle de Sainte-Anne; le vendredi, par celle de Saint-
Denis ; le samedi, par les religieux franciscains (Cordeliers,
Récollets et Capucins) réunis sous une même croix ; enfin
le dimanche 22, par le séminaire. Les sermons furent
donnés: le 1er jour par l'abbé Loys, chanoine de la cathédrale sur ce texte : «*Le Seigneur a éprouvé les justes comme
l'or dans la fournaise et il les a reçus comme un holocauste*»
(Sap., III, 6). — Le 2e jour, par l'abbé Banal, chanoine et
prieur de l'église collégiale Sainte-Anne, sur ce texte: «*La
Religion pure et sans tache consiste à visiter les orphelins et
les veuves dans leurs afflictions, et à se conserver pur de la
corruption du siècle présent*» (Jac., I, 27). — Le 3e jour, par
l'abbé Pas de Beaulieu, prieur commendataire de Cassan,
sur ce texte : «*La mémoire du juste sera accompagnée de
louanges ; mais le nom des méchants périra*» (Prov., X, 7).
— Le 4e jour, par l'abbé Castan, curé de N.-D. des Tables,
sur ce texte : *Vous avez agi avec un courage héroïque et*

*votre cœur s'est affermi parce que vous avez aimé la chas-
teté... C'est pour cela que vous serez bénie éternellement »*
(JUDITH, XV, 11). — Le 5e jour, par l'abbé Cussac, curé
de Sainte-Anne, sur ce texte : *« O femme votre foi est
grande »* (Matt., XV, 28). — Le 6e jour, par l'abbé Manen,
curé de Saint-Denis, sur ce texte : *« La mémoire du juste
sera éternelle »* (Ps. CXI, 7). — Le 7e jour, par un religieux Récollet : « Sainte Chantal, la gloire de l'humanité,
et le triomphe de la Religion. — Enfin, le dernier jour,
par l'abbé Bessière, professeur de théologie et directeur
au séminaire, sur ce texte : *« Elle allia un courage mâle
avec la faiblesse d'une femme »* (II, MACCH., VII, 21).

Après ce dernier discours, l'Evêque donna, comme les
jours précédents, la bénédiction du Saint-Sacrement, puis
entonna le *Te Deum*. Comme on le chantait, on éleva la
bannière de la sainte à la voûte de la chapelle, au bruit
de l'artillerie et au son de toutes les cloches de la ville.
Les séminaristes se retirèrent, emportant une autre bannière
de sainte Chantal, donnée par les religieuses de la Visitation. Elle fut présentée en leur nom, par le supérieur du
séminaire, au prévôt de la Cathédrale et élevée à la voûte,
pendant que chanoines et séminaristes chantaient encore
une fois le *Te Deum*. Pendant les huit jours que durèrent
les fêtes de la canonisation de sainte Chantal, il fut célébré
aux cinq autels dressés pour la circonstance 382 messes ;
le nombre des communions s'éleva à 6,000 environ.[1]

X. — Au mois de mai 1770, une des religieuses du
monastère de la Visitation Sainte-Marie, de Montpellier,
écrivait aux sœurs du même ordre établies à Toulouse :

[1] *Relation de la Fête célébrée dans notre Monastère de la visitation
Sainte-Marie de Montpellier, pour la canonisation de notre Sainte
Mère Jeanne-Françoise de Chantal, 14 janvier 1769* ; - et Arch.
municip. de Montpellier, *Cérém. Consulaire*, n° IX.

... « Depuis le temps que nous n'avons pas écrit à Votre Charité, Dieu nous a donné un nouveau pasteur dans la personne de Monseigneur Raymond de Durfort, notre illustre prélat, pour remplacer feu Monseigneur de Villeneufve. La perte de ce prélat fut sans doute une playe pour son diocèse. Un évêque rempli de zèle et de tendresse pour les pauvres, infatigable dans les fonctions du ministère évangélique, même dans la plus grande vieillesse, généralement regardé comme un saint, mortifié jusqu'à faire vœu, comme on l'a trouvé écrit de sa main, de n'accorder à la nature aucune satisfaction volontaire, méritoit bien les regrets et la vénération publique, et quand il n'auroit pas été notre cher Père, encore plus par ses bontés pour nous que par sa place, nous devions à sa mort répandre bien des larmes, non sur lui que Dieu a sans doute récompensé, mais sur nous qui perdions un modèle édifiant de toutes les vertus. Le Seigneur, toujours attentif aux besoins de ceux qui se confient en lui, nous a rendu un Père dans son successeur. Nous retrouvons dans sa personne tout ce qui peut gagner notre respect et notre confiance. Outre un caractère de douceur et d'affabilité, une piété tendre et exemplaire ; une vigilance pleine de zèle sur son troupeau, nous avons reçu de lui des témoignages particuliers de son affection spéciale. Ayant donné à Messieurs les Vicaires Généraux le soin des divers monastères de cette ville, il nous fit l'honneur de nous dire qu'il ne voulait nous donner d'autre supérieur que lui-même. Il nous accorde une entière liberté de nous adresser à lui directement dans toutes les occasions. Nous conjurons Votre Charité de joindre vos prières aux nôtres pour demander la conservation d'un Pasteur si cher et si respectable... [1] »

[1] *Lettre de Sœur Marie-Félicité Journet, aux religieuses des diverses maisons de l'ordre de la Visitation* (Montpellier 14 mai 1790),

XI. — Le lecteur n'est pas sans avoir porté son attention sur la grande part que prenaient aux fêtes religieuses les membres de la municipalité montpelliéraine. Sauf à l'époque de la domination tyrannique des Protestants, nos magistrats marchèrent toujours parfaitement unis avec la population catholique de notre ville. Cette conformité de sentiments ne fut jamais plus parfaite que sous l'administration de R. de Durfort. Pas une cérémonie religieuse ne s'accomplissait sans les consuls. On les voyait, en robe et accompagnés du greffier municipal, à la cathédrale, le dimanche des Rameaux, à la bénédiction et à la procession, une branche de laurier ou d'olivier à la main ; — le vendredi-saint, à la prédication de la Passion et à l'adoration de la Croix ; — le jour de Pâques, à la grand'messe, où ils remplissaient le devoir de la communion pascale ; — le jour de l'Exaltation de la Sainte-Croix, à la grand'messe et à la procession des Confrères de la vraie Croix. Ils présidaient au feu de joie, pour la fête de saint Pierre, devant la cathédrale et « précédés de leur cortège consulaire et de la fanfare [1] », ils se trouvaient encore, le lendemain, à la procession. C'était la même chose pour la veille de la Nativité de Saint-Jean-Baptiste, avec cette particularité que pour celle-ci le feu brûlait devant l'église Notre-Dame des Tables, paroisse officielle de la municipalité. Comme telle, cette église voyait les magistrats de la ville, le jour de Notre-Dame de la Chandeleur, à la grand'messe et à la procession, un flambeau à la main. Pour la fête de l'Ascension de Notre Seigneur, ils donnaient le pain bénit et allaient à l'offrande ; et le jour de la fête des Miracles de Notre-Dame des Tables, ils assistaient à

dont nous devons la communication à l'obligeance de M. le Chanoine Lazaire, aumônier de l'Immaculée Conception, à Montpellier.

[1] *Cérém. Consul.*, n° VIII et IX, passim.

la procession qui se déroulait dans les rues, après l'aspersion, « et marchaient immédiatement après le Clergé, en exécution de *l'appointement* du 20 août 1741, qui les mettait dans ce droit ». Au retour, ils assistaient à la messe solennelle, « présentaient le pain bénit, suivant l'usage et allaient à l'offrande. » Pour la fête de saint Roch, (16 août), la messe était chantée dans la chapelle de ce noble enfant de Montpellier, en l'église Notre-Dame, les Consuls allaient à l'offrande et à la procession, à laquelle « ils avaient le pas sur les Confrères de la Confrérie de saint Roch. »

XII. — Nous terminerons ce chapitre, consacré aux choses de la liturgie et des cérémonies du culte catholique, en mentionnant quelques faits qui s'y rattachent et sur lesquels, de la sorte, nous n'aurons plus à revenir.

Le 15 juillet 1771, à l'âge de 63 ans, s'éteignait tout doucement à Montpellier, chez M. de Perreimon [1], Jacques Richier, de Cérisy [2], évêque de Lombez [3]. Frappé d'une attaque d'apoplexie, bientôt dégénérée en paralysie, on lui avait conseillé les eaux de Balaruc, qui n'eurent, paraît-il, d'autre résultat que d'aggraver son mal et de précipiter sa fin. Il avait auprès de lui un de ses vicaires généraux, Jean-Baptiste-Pierre-Robert de Taurin, abbé commendataire de Notre-Dame de Puyferrand, chanoine de la cathédrale de Lombez. Celui-ci certifia que la volonté de son évêque avait été que son corps fût transporté à Lombez, pour être inhumé dans l'église de l'hôpital de la ville épiscopale et son cœur dans celle de son séminaire diocésain.

[1] A l'enclos dit de Mascle, au faubourg du Pila Saint-Gély.
[2] Le continuateur des Mémoires de Delort fait erreur en l'appelant *Serceley* (tom. II. pag. 278).
[3] Né à Cérisy, dans le diocèse de Rouen, en 1709, il avait été sacré le 22 août 1751 (*Almanach royal*).

A cause de la grande chaleur, R. de Durfort ordonna que la cérémonie des funérailles, fixée au lendemain, serait différée jusqu'à 6 heures du soir. Et, comme le vénérable défunt avait expressément déclaré peu avant sa mort qu'il était pénitent bleu, il fut décidé que les membres de la Confrérie de ce nom seraient appelés à lui rendre les honneurs funèbres. En conséquence, les Pénitents se réunirent à la maison mortuaire, par séries de six, qui se renouvelèrent d'heure en heure jusqu'au moment de la sépulture. A 5 heures, la Compagnie chanta l'office des morts dans sa chapelle ; puis, les frères allèrent processionnellement à la cathédrale, où tout le clergé tant séculier que régulier avait été convoqué, pour prendre le corps au faubourg du Pila Saint-Gély. A 6 heures, le cortège se mit en marche : L'évêque, assisté de son chapitre cathédral, présidait la cérémonie. Le corps, enfermé dans deux cercueils (dont un en plomb), était porté par des escouades de 16 pénitents. Après les cinq absoutes d'usage, les restes de l'évêque de Lombez furent remis à son vicaire général, pour être inhumés suivant ses intentions[1].

XIII. — Deux ans plus tard (le 16 juillet 1773, vers 7 h. du soir), à l'hôtel de l'Intendance, s'éteignait un autre prélat, Jean-Sébastien de Barral, évêque de Castres[2].

---

[1] Arch. de l'Hérault, *Intendance*, C. 513 ; — Arch. des Pénit.-Bleus, 7° *Reg. des Délib.*, pag. 332, 16 juillet 1771 ; — Arch. municip. de Montpellier, GG, 131, f° 88, *Reg. de la Par. Saint-Pierre.*

[2] Né à Grenoble, en 1710 ; sacré le 17 décembre 1752 (*Almanach royal*). — Pendant vingt ans, on le vit travailler avec une indomptable énergie à ouvrir son diocèse à toutes les influences de la civilisation. Pour lier Castres, d'une part avec Toulouse, de l'autre avec Montpellier, et établir des communications avec les villes voisines, il fit passer des routes à travers les forêts, les ravins, les terres mouvantes de la Montagne noire, les rochers granitiques, les plateaux âpres et décharnés, et, avant de mourir, il put se servir d'une voiture pour les visites

Il venait parfois passer quelques jours à Montpellier, chez le vicomte de Saint-Priest, Conseiller d'Etat, Intendant de la province, son beau-frère [1]. A la cérémonie funèbre parurent non pas les Pénitents-Bleus, mais les Pénitents-Blancs. On en compta jusqu'à 150. Ils revêtirent le défunt des ornements pontificaux et le placèrent dans la bière de leur compagnie. A six heures, l'évêque R. de Durfort, accompagné de son chapitre, fit l'enlèvement du corps qui fut porté par des ecclésiastiques, quatre Péni-tents, rangés auprès de la bière, psalmodiant les prières liturgiques. Le Cérémonial consulaire décrit ainsi l'ordre du cortège : « Les pauvres de l'hôpital-général, suivis des intendants, recteurs et syndics de cette maison. Les valets de ville, avec leurs pertuisanes ornées de crêpe, et pré-cédés d'un trompette. La confrérie des Pénitents-Blancs, tous les ordres religieux. Les quatre paroisses. Le chapitre de la collégiale. Le chapitre cathédral, précédé des ecclé-siastiques du séminaire. L'évêque officiant. Derrière le cercueil venaient les domestiques du défunt, de l'inten-dant et les officiers de l'intendance. Les escudiers avec leurs masses couvertes de crêpe. Les consuls, le procureur du roi et le greffier en robe. Les intendants et syndics de l'hôpital Saint-Eloi. Les Sœurs Grises. — Le premier deuil

pastorales de son diocèse, lui qui, lors de sa prise de possession, avait eu de la peine à arriver en litière au siège de son épiscopat. Son atten-tion se porta sur la ville de Castres. Il replanta ses promenades publiques, combla ses fossés d'enceinte, jeta des allées spacieuses sur l'emplace-ment de cloaques pestilentiels, reconstruisit ses portes, élargit ses rues, agrandit le jardin de l'évêché et y prodigua les plantes rares et les arbustes précieux. Il eut la gloire de répandre la pomme de terre dans les montagnes incultes du pays castrais, plus de dix ans avant que Parmentier en eût popularisé la culture (L'abbé SICARD, *Les Evêques avant la Révolution*, pag. 175 et suiv.).

[1] C'est pendant une de ces visites qu'il se fit autoriser par M. de Durfort à dresser et à signer à Montpellier, c'est-à-dire dans une localité ne fai-sant point partie de son territoire épiscopal, un décret d'union de deux chapellenies de Castres à son séminaire diocésain (6 octobre 1769).

était l'abbé de Barra..Le second, le vicomte de Saint-Priest[1],
fils.' Le troisième, le président de Bocaud et le marquis
d'Axat. Tous les officiers du régiment de Bourbonnais de
la garnison. Quantité d'officiers de la Cour des Aides, des
Trésoriers de France, du Présidial et de la Noblesse. En
sortant de l'Intendance, on passa à la place des Cévenols, le
long de la rue Saint-Firmin, sur la Canourgue, au Puits
des Esquilles, d'où l'on descendit à Saint-Pierre. Le monument funèbre était dressé dans le sanctuaire. Pendant
la cérémonie, quatre sacristains de la compagnie des Pénitents se tenaient aux angles du catafalque. Au moment de
mettre le corps dans le tombeau, sur l'ordre qui leur en
fut donné, les Pénitents remplacèrent les habits pontificaux
par une chasuble violette. Une fois le corps descendu
dans le caveau, on le plaça dans une bière en plomb qui
fut scellée aux armes du défunt[2] ». De Saint-Priest, fils,
qui partageait, comme on sait, avec son père les fonctions d'Intendant de Languedoc, fit du décès de son oncle
l'objet d'une communication officielle au ministre duc de
La Vrillère. Celui-ci répondit, de Compiègne, le 25 juillet 1773, par une lettre conservée encore aux archives
du département de l'Hérault. «... Le Prélat que vous
regrettez doit l'être également de tous ses diocésains et
des pauvres surtout, auxquels j'ai toujours sçu qu'il pro-
curoit les plus grands soulagemens. Ses charités abondantes
annonçoient ses vertus et feront certainement chérir sa
mémoire...[3] »

---

[1] De Saint-Priest, père, était en ce moment à Grenoble.
[2] Arch. municip. de Montpellier, *Cérém. consul*, N° IX, pag. 67 ; —
et GG, 284, *Reg. de la paroisse*, f° 19 ; — Arch. des Pénit.-Blancs, *11ᵉ
Reg. des Délib.*, 17 juillet 1773.
[3] Arch. de l'Hérault, *Fonds de l'Intendance*, C, 513.

XIV. — Le cardinal Ganganelli, élu pape le 19 mai 1769, sous le nom de Clément XIV, avait publié suivant l'usage un jubilé universel. Cette indulgence fut annoncée à Montpellier « par le son de toutes les cloches, le dimanche 4 novembre 1770, depuis 3 heures jusqu'à 4 de l'après midy. Le même jour il y eut une procession gé·néralle où tous les ordres séculiers et réguliers qui sont dans l'usage d'aller aux processions généralles, où MM. les consuls et greffier assistèrent en chaperon, venant immédiatement après Monseigneur l'Evêque. La procession sortit de Saint-Pierre chantant le *Miserere*, passa à la Canourgue, au Plan du Palais, à la Porte du Peyrou, à la Valfère, devant le Petit Saint-Jean, à la Grande Rue, au Gouvernement, à l'Hôtel-de-Ville ; entra dans la paroisse de Notre-Dame des Tables, où elle fit une station de demy heure ; apres laquelle elle ressortit en chantant les litanies des Saints, passa à l'Eguillerie, au Campnou, à la Blanquerie, à la rue du Saint-Sacrement, d'où elle se rendit dans l'Eglise Saint-Pierre, où Monseigneur l'Evêque donna la Bénediction du Très Saint-Sacrement. Le jubilé commença le lendemain, 5 novembre 1770, et a duré quinze jours [1]. »

[1] *Cérém. Consul*, N° VIII.

CHAPITRE IV.

I. — Raymond de Durfort siègea pour la première fois aux États généraux de la Province[1], dans la session de 1766-67, dont l'ouverture eut lieu, le 29 novembre 1766, huit jours après son arrivée à Montpellier. L'assemblée décida que la procession d'usage se ferait le lendemain dimanche, à l'issue de la messe du Saint Esprit. Dillon, archevêque de Narbonne, président-né, pria le nouvel évêque de vouloir bien officier soit à la messe, soit à la procession. A toutes les sessions et durant tout son épiscopat à Montpellier, c'est toujours l'Evêque diocésain qui préside

[1] Dans l'Assemblée des États de la province de Languedoc, l'évêque de Montpellier occupait la seconde place parmi les prélats; l'archevêque de Toulouse avait la première. L'archevêque de Narbonne était président-né.

les cérémonies religieuses solennelles. Il se rend à l'église de Notre-Dame des Tables «précédé du maître des cérémonies et de plusieurs ecclésiastiques. Il célèbre pontificalement, assisté des dignités et chanoines de sa cathédrale». Le chant de l'évangile terminé, le prédicateur monte en chaire [1]. «L'Évêque officiant vient entendre la prédication, revêtu de ses habits pontificaux, hors la porte du chœur, sur un marchepied où sa *chaise* est placée, ayant à ses côtés les deux diacres d'honneur. Le prédicateur, au commencement de son discours, salue l'Evêque de Montpellier en lui disant : *Monseigneur*. Après la prédication, la messe continue. M[grs] les Evêques et Archevêques ont été encensés chacun de trois traits, par le diacre servant assisté du maître des cérémonies ; et en même temps le sous-diacre a encensé Mgr le prince de Beauvau et MM. de Saint-Priest, intendants, de trois traits chacun, et MM. les Trésoriers de France de deux traits, de même que chacun de MM. les Barons. La paix a été donnée par le prêtre assistant, *per amplexum*, à Mgr l'Archevêque de Narbonne, qui l'a donnée à MM. les Prélats de l'un à l'autre. La paix a été portée à baiser par le diacre servant à Mgr le prince de Beauvau et à MM. les autres Commissaires du Roy et à MM. les Barons. A cause de la pluie, la procession n'a pas lieu cette année».

Le lundi 29 décembre 1766, s'accomplit avec beaucoup de solennité la cérémonie de «l'emplacement de la première pierre des ouvrages de la place appelée le Peyrou, sur laquelle les États avaient fait ériger la statue équestre de Louis XIV. L'Évêque avait mis son palais à la disposition des États, qui en partirent en grand cortège et en habits de cérémonie, en passant par la Canourgue et la rue du Palais».

---

[1] L'abbé de Fabry, en 1767.

II. — En 1767, M. de Durfort fut désigné pour faire partie de la Commission chargée de dresser le cahier qui devait être présenté au Roi. Le même jour, on l'élut président du *Bureau des Recrues*. Trois semaines plus tard, l'archevêque de Narbonne rappelait à l'Assemblée qu'elle devait faire choix des députés chargés de porter à la Cour le cahier des doléances de la province, auquel avait travaillé l'Evêque de Montpellier. On vota par billets, suivant l'usage. Furent nommés : M. de Durfort, président de la députation, dont firent partie : le baron d'Aureville et «les sieurs» Garipuy, capitoul de Toulouse ; Lefranc, député de Béziers et de Montferrier, syndic général. Il devait être payé, suivant l'usage : à l'Evêque, 4,000 livres ; au baron, 4,000 l.; aux s^rs Garypuy et Lefranc, 2,000 l. à chacun ; au s^r de Montferrier, 1,500 livres ; plus 3,000 l., à compte de ses journées, dont il devait rendre compte aux Etats prochains. «Les députés, lit-on au procès-verbal, seront chargés de renouveler les instances que les Etats n'ont cessé de faire pour obtenir une diminution sur le prix de l'abonnement proportionné à la surcharge qu'éprouvent les redevables, et que Mgr le Président sera supplié de faire valoir dans cette occasion *le puissant crédit que lui donne sa place, son rang et ses éminentes qualités»* (28 décembre 1767). Le lendemain, l'Evêque présente le rapport pour l'apurement des comptes, devant le Bureau des Recrues, assemblé à l'Evêché. A la suite de cette réunion, les Etats donnent pouvoir aux députés de suivre toutes les affaires dont il s'est agi dans les séances précédentes et toutes celles qui pourraient survenir pendant la députation.

Par une délibération du 18 décembre 1766, les Etats avaient approuvé un projet relatif à de grands travaux à exécuter, dans le but d'empêcher les eaux de la rivière de l'Aude d'inonder la plaine de Narbonne et même de dessécher l'étang de Capestang. Ces travaux n'avaient encore reçu aucun commencement d'exécution et les Etats désiraient qu'on y mît bientôt la main. Ils chargèrent les députés de solliciter auprès du Roi des secours qui, étant continués pendant plusieurs années, suffiraient à la confection de ces travaux ; étant donné que la province fournirait un appoint suffisant (2 janvier 1768).

Ils recommandèrent également aux députés de supplier Sa Majesté de vouloir bien faire exécuter les règlements pour la fabrication des toiles, ou de supprimer ces règlements ; les mauvais fabricants portant dans les foires du Rouergue des toiles exemptes de marque et de visite (4 janvier). Ils leur donnèrent encore mission de demander l'exemption des droits de la douane de Valence sur les sucres qu'on y raffine (5 janvier). Les États étaient à peine séparés que ses députés se mirent en route pour la capitale, porteurs du cahier des doléances. L'Evêque de Montpellier fit un long séjour à Versailles, où le retenaient les affaires de la Province. Il dut être vivement contrarié de se voir éloigné de son diocèse pendant huit mois environ, et nous pensons que c'est pour n'avoir plus à quitter ses ouailles qu'il ne voulut plus remplir les fonctions de chef de la députation, envoyée toutes les années à la Cour par les États de Languedoc.

III. — Peu après le départ de l'Evêque, on apprenait à Montpellier que la Reine Marie de Leczinska était dangereusement malade et qu'elle avait même reçu les derniers sacrements. Les Pénitents Blancs s'adressèrent en toute hâte aux vicaires généraux et leur demandèrent l'autorisation de faire dans leur chapelle les prières dites des Quarante-heures. Leur compagnie, disaient-ils, était dans l'usage de commencer ces prières le même jour qu'à

la cathédrale et de les faire avec la même solennité, quand
il s'agissait de la santé du roi, de la reine et des membres
de la famille royale. Les grands-vicaires répondirent qu'ils
étaient dans l'intention d'ordonner ces prières dans les
quatre paroisses et la bénédiction seulement dans les autres
églises; mais qu'ils ne pouvaient qu'applaudir au zèle des
Pénitents et les autoriser à célébrer les Quarante-heures.
Munis de l'autorisation des supérieurs ecclésiastiques, les
prévôts convoquent le bureau d'administration. Celui-ci
prend les résolutions suivantes : « Pendant trois jours consécutifs, le Saint-Sacrement sera exposé depuis 7 heures
du matin jusqu'à la nuit, les samedi 12 mars, dimanche
13 et lundi 14. Pendant ces trois jours, à 11 heures,
grand'messe suivie des prières pour le Roi. Les officiers
du Régiment Dauphin seront invités à y assister et les
frères appelés à venir adorer le Saint-Sacrement. Le samedi
et le lundi, les vêpres seront chantées après la messe, à
cause du carême ; à 4 heures du soir, complies suivies du
sermon. Le dimanche, vêpres et complies à 3 heures. Les
vicaires généraux seront invités à donner la bénédiction
pendant les trois jours ». Une note ajoutée au procès-
verbal porte : « Les Officiers ont assisté à la messe, et la
bénédiction du Saint-Sacrement a été donnée le premier
jour par M. des Pallières et le dernier jour, par M. de Villeneufve, tous deux vicaires généraux de Mgr de Durfort [1].»
La reine succombait à 10 heures et demie du soir, à Versailles, le 24 juin de la même année, âgée de 65 ans.

IV. — De Paris, où il était encore retenu par les affaires
de la Province, M. de Durfort fit parvenir à ses vicaires
généraux un Mandement qui ordonnait des prières publiques

---

[1] Arch. des Pénit.-Bleus, 7e *Reg. des Délib.*, pag. 234, 11 mars 1768.

pour le repos de l'âme de la Reine. Il présente le décès de Marie Leczinska comme un coup terrible de la colère de Dieu allumée contre son peuple. Puis il ajoute : « Donnons un libre cours à nos larmes, et, puisque nos vœux les plus ardents n'ont pu arracher cette auguste victime à la mort, du moins que ses vertus vivent à jamais dans nos cœurs, et nous servent tout à la fois de consolation et d'exemple. Née d'un Héros non moins admirable dans les malheurs par sa constance qu'aimable dans la prospérité par ses bienfaits, elle étudia les élémens de la vraye sagesse à l'école de ce grand Homme, ou plutôt à celle de l'adversité qui n'épargna pas à sa jeunesse ses dures, mais utiles leçons. Tantôt élevée au faite des grandeurs avec un Père chéri, tantôt précipitée avec lui dans l'abîme, ce fut par ces diverses épreuves qu'elle apprit à se connoître elle-même, à s'attendrir sur les malheureux, à mépriser l'une et l'autre fortune et qu'enfin Elle se montra digne de ses grandes destinées. Placée sur le premier Trône de l'Europe, Elle y fit asseoir avec Elle la piété, la modestie, la douceur. N'est ce pas d'Elle qu'on peut dire que les commandemens de Dieu étoient dans son cœur, comme un fondement éternel sur la pierre ferme. Les dernières années de sa vie ne furent presque qu'un enchaînement d'afflictions. Il ne lui restoit plus qu'à éprouver les dernières atteintes de la douleur et à goûter à longs traits toute l'amertume de la mort. Elle l'a envisagée d'un œil ferme et tranquille comme n'ayant appris toute sa vie qu'à mourir. Enfin, après l'avoir éprouvée dans le feu des afflictions, comme on éprouve l'or dans la fournaise, Dieu l'a trouvée digne de lui. J'ai cette confiance dans le Seigneur que la pieuse *Marie* intercède maintenant auprès de Dieu pour le salut de sa Nation. Si cependant l'œil du Dieu trois fois Saint, qui dans les étoiles même aperçoit des taches, en découvroit quelqu'une dans cette âme si pure, hâtons-nous de lui appliquer le Sang de l'Agneau, et de l'introduire ainsi par nos vœux dans les Tabernacles éternels ». Le dispositif qui suivait ces pieuses considérations ordonnait des prières publiques dans toutes les églises du diocèse [1].

M. de Durfort ajoutait à son Mandement la lettre que le roi lui avait adressée, le 25 juin, pour lui annoncer la mort de sa compagne et demander des prières publiques dans toutes les églises de son diocèse. Ces prières se firent avec beaucoup de solennité, mais non point le même jour, ce qui permit aux consuls de se rendre aux offices funèbres dans plusieurs églises de la ville: à la Cathédrale (21 juillet), à Notre-Dame des Tables (23 juillet), aux Pénitents-Blancs (6 août), toujours accompagnés du greffier et tous en robe de cérémonie [2].

V. — Cependant, le moment approchait où les Etats de la Province allaient de nouveau se réunir pour leur session annuelle. M. de Durfort revint à Montpellier dans les premiers jours du mois de novembre et fut l'objet des plus touchantes manifestations de la part des corps constitués et de la population tout entière [3].

L'ouverture des Etats, faite par le prince de Beauvau, commandant en chef le Languedoc, eut lieu le jeudi 24 novembre 1768, après la messe du Saint-Esprit, dite par un aumônier de l'archevêque de Narbonne. Le dimanche

---

[1] *Mandement de Mgr l'Évêque de Montpellier qui ordonne des Prières publiques pour le repos de l'Ame de la Reine*; Donné à Paris, le 2 juillet 1768. — Montpellier, A.-F. Rochard, in-4° de 7 pages.

[2] *Cérémon. Consulaire*, n° VIII, pag. 363.

[3] « Lesdits jour et an (19 novembre 1768), M^rs les consuls et greffier, en robe, ont été rendre visite à Mgr l'Évêque de Montpellier, venant de la Cour présenter le *Cayer* des Etats, et a été harangué par M. Farjon, avocat et orateur. M. l'Évêque, suivant l'usage, est venu prendre M^rs les Consuls à la porte de la salle de compagnie et les a ensuite accompagnés jusqu'au degré » (*Cérém. Consul.*, n° VIII, pag. 366).

suivant, 27, M. de Durfort chanta pontificalement la grand'messe et présida à la procession du Très Saint-Sacrement. Nous empruntons au registre des Procès-verbaux de 1768 le récit de cette cérémonie :

« Après la messe, la procession du Saint-Sacrement a été faite dans la ville dans l'ordre suivant : les Valets de la ville et Escudiers marchoient à la tête. Ils étoient suivis des Cavaliers de la Maréchaussée avec leurs officiers et des gardes de Mgr le Prince de Beauvau, aussi avec leurs officiers. Après eux venoient les Religieux de tous les ordres et le Clergé des Paroisses, suivis du Chapitre de l'Eglise Cathédrale. Après led. Clergé, marchoient deux valets de livrée de MM. de Saint-Priest, six de Mgr l'Archevêque de Narbonne et six de Mgr le Prince de Beauvau, qui précédoient immédiatement le Dais, portant tous des flambeaux de poing de cire blanche du poids de six livres. Mgr l'Evêque de Montpellier officiant portoit le Saint-Sacrement sous le Dais, porté par MM. les Consuls de Montpellier, en robe de cérémonie ; et les Valets de livrée de Mgr l'Evêque de Montpellier, au nombre de quatre, étoient aux quatre coins du Dais, portant aussi des flambeaux de cire blanche du même poids. Le Dais étoit suivi de MM. les Commissaires du Roy ; Mgr le Prince de Beauvau marchant seul, précédé de ses gentilshommes, de son capitaine des gardes ; ayant après lui MM. de Saint-Priest, qui étoient suivis de MM. Dumas et de Lapeyrie, trésoriers de France de la généralité de Montpellier et Toulouse, marchant au même rang. Après MM. les Commissaires du Roy venoient les Etats, précédés des officiers de la Province ; chacun des trois ordres ayant un des syndics à leur tête ; et la marche étoit fermée par un détachement des Cavaliers de la Maréchaussée. Au retour de la Procession, Mgr l'Evêque de Montpellier a donné la Bénédiction du Saint-Sacrement ».

VI. — M. de Durfort, nommé président du Bureau des Comptes des Etats de la province, remplit cette fonction à la satisfaction générale. Dans un long exposé, qui occupa plusieurs séances, il présenta le budget du dernier exercice. Nous ne suivrons pas notre Evêque dans ses opérations financières, nous nous bornerons à donner à nos *Pièces justificatives*, n° X, un tableau dressé par nous, d'après les procès-verbaux. On y verra les charges imposées à la province de Languedoc et leurs répartitions entre nos cinq anciens diocèses, de Montpellier, Béziers, Agde, Lodève et Saint-Pons.

Pendant la session des Etats de 1768-69, une grande cérémonie funèbre eut lieu à Montpellier. Nous la trouvons mentionnée dans cette note écrite de la main de Mgr de Durfort, sur un des registres de l'Evêché.

« Nous avons prié et consenti que M. l'Archevêque de Narbonne officiât au service solennel que les Etats feront célébrer pour le repos de l'âme de la Reyne, dans l'Eglise de Notre-Dame des Tables de cette ville.

» A Montpellier, le 19 décembre 1768.

» † R. Evêque de Montpellier. »

L'Assemblée des Etats, séparée le 3 janvier 1769, se réunit de nouveau le 30 novembre de la même année, toujours à Montpellier, sous la présidence du prince de Beauvau. L'Archevêque de Narbonne, à raison d'une indisposition, ne s'y rendit pas. L'archevêque de Toulouse, auquel appartenait la présidence, au défaut de celui de Narbonne, invita l'Evêque de Montpellier à officier à la messe et à la procession. Le sermon fut prononcé par l'abbé Marquès, de Montpellier. A cette session, R. de Durfort fit partie de la Commission des travaux publics avec les évêques de Nîmes et de Comminges. On le désigna encore, lui seul évêque, avec six autres membres de la grande assemblée pour travailler, avec les commissaires du roi, à la vérification des dettes des diocèses et communautés (6 décembre 1769).

Les Etats généraux se séparèrent le 8 janvier 1770, pour se réunir de nouveau le 29 novembre suivant. Dans cette dernière session, notre prélat fait partie de la commission chargée de travailler à la vérification des impositions connues sous le nom *d'Assiettes* diocésaines, en préside la commission ayant pour objet le *Cahier des Doléances*. A partir de l'année 1771, les Etats ont à leur tête le comte de Taleyrand-Périgord. M. de Durfort préside toujours les cérémonies religieuses et fait partie, comme à la session précédente, de la commission des travaux publics, avec les évêques de Nimes et de Comminges.

VII. — Toutes les années, vers la fin d'avril ou dans les premiers jours de mai, se tenaient les Assiettes diocésaines, pour la répartition des sommes données au roi par la province. Suivant les habitudes de l'époque, tout y était réglé par l'étiquette. Qu'on en juge par les quelques détails suivants, empruntés au *Cérémonial Consulaire*. La veille de la réunion, les consuls en robe se rendaient chez l'évêque, afin de lui demander son heure ; au sortir de l'évêché, ils allaient prévenir « le commissaire principal ». Le jour suivant, à l'heure dite, les consuls, toujours en costume officiel, revenaient au palais épiscopal, où ils trouvaient le commissaire du roi, ou bien, d'après ce qui avait été convenu d'avance, les consuls passaient, d'abord chez le commissaire, lequel se joignait à eux pour faire ensuite cortège à l'évêque. En cas d'absence ou d'empêchement de celui-ci, un vicaire général désigné par lui le remplaçait pour le travail de la répartition et présidait l'assemblée. L'ordre de la marche était ainsi fixé. En première ligne : le président (évêque ou grand-vicaire), ayant à sa droite le commissaire principal et le juge-mage, et à sa gauche l'envoyé des barons. Marchaient ensuite en seconde ligne les consuls de la ville, et, après eux, le syndic et les cinq députés du diocèse. A leur entrée dans une salle de l'Hôtel-de-Ville, ils trouvèrent trois fauteuils rangés sur la même ligne : pour le président, au milieu ; pour le commissaire, à droite ; pour l'envoyé des barons à gauche. Un quatrième fauteuil destiné au juge-mage, à droite encore, mais « sur le retour de la table ». Enfin deux bancs : le premier pour les consuls en robe toujours ; le second pour le syndic et les députés diocésains [1].

Le syndic et les cinq délégués formaient ce qu'on appelait la Chambre ecclésiastique diocésaine, dont les attributions étaient de mettre à exécution les décisions de l'Assiette et de juger, en première instance, les contestations qui s'élevaient au sujet des décimes et autres contributions établies sur le clergé. La Chambre de Montpellier se composait du syndic du diocèse, de deux chanoines de la cathédrale, d'un chanoine député des trois chapitres collégiaux de Montpellier, d'un député des prieurs et d'un député des curés ou vicaires perpétuels ; en tout six membres. Ils étaient élus tous les ans au synode par le clergé diocésain. Lorsqu'une vacance survenait dans le courant de l'année, il y était pourvu provisoirement et jusqu'au prochain synode par l'évêque, avec l'agrément des membres restants [2]. Les réunions avaient toujours lieu au palais épiscopal, sous la présidence de l'évêque et, en cas

[1] *Cérém. Consul.*, n° VIII, 14 et 15 avril 1766.

[2] Ainsi, le chanoine Arnihac étant mort, le bureau lui donna pour successeur le chanoine Charles-Louis Farjon (15 février 1771); et le chanoine Blaye, décédé, fut remplacé par le chanoine De Montessus, pour siéger jusqu'au prochain synode (21 février 1772).

d'empêchement de celui-ci, sous la présidence d'un de ses vicaires généraux [1].

Le receveur des décimes présentait son compte des impositions de l'année précédente, qui s'élevait en moyenne de 50 à 56,000 livres. On procédait ensuite « à la confection des départements (*de la répartition*) des décimes et autres impositions, ordinaires et extraordinaires du diocèse ». Des secours annuels étaient accordés aux prêtres âgés et infirmes. Ainsi, le bureau vota une pension viagère (24 février 1769) de 150 livres en faveur du prêtre « Prunet, curé de Pérols, presque en état de démence, incapable de remplir aucune fonction. »

VIII. — Dans la séance du vendredi 19 mai 1769, le chanoine Arnihac, syndic de la chambre diocésaine, fit la communication suivante : « Par jugement de l'Assemblée générale du clergé de France, rendu le 30 août 1761, entre le bureau diocésain de Montpellier et les religieux Bénédictins de la Chaise-Dieu, prieurs et seigneurs de Poussan, à raison de contestations survenues au sujet des impositions aux décimes, tant dudit prieuré que de la terre de Poussan, lesdits religieux furent condamnés envers le bureau diocésain en tous les dépens faits, tant audit bureau qu'en la Chambre supérieure ecclésiastique de Toulouse, au Conseil et à l'Assemblée générale ; lequel jugement fut expédié et signifié par exploit du 12 novembre 1765, que, faute par lesdits religieux d'avoir satisfait au paiement des dépens auxquels ils avaient été condamnés, ledit jugement fut déposé au greffe du conseil, d'où il fut pris une expédition de l'acte de dépôts, qui fut signifié aux religieux de la Chaise-Dieu en leur domicile, avec com-

---

[1] Pendant l'année 1768, R. de Durfort se trouvant à la Cour, l'Assiette fut présidée par le vicaire général Des Pallières.

mandement d'y satisfaire ; et, en conséquence, de nommer un avocat ou procureur pour liquider les dépens, et que, faute de ce faire la Chambre diocésaine se pourvoirait pour les faire taxer : que lesdits religieux n'ayant point satisfait au payement des sommes que dessus, ledit sieur syndic fut obligé de se pourvoir au Conseil pour faire taxer les dépens ». Le bureau déboursa, pour en arriver à ce résultat, la somme totale de 4,125 livres. Le P. dom Lancelot, syndic des religieux de l'abbaye de la Chaise-Dieu, demanda au bureau de Montpellier une « modération sur les dépens » qu'il s'offrait à payer. De son côté, le chanoine député, qui avait été chargé de poursuivre l'affaire à Toulouse, offrait de renoncer à être remboursé de ses avances. L'assemblée décida de réduire à 3,120 livres la somme qu'on exigerait du P. syndic ; mais à la condition expresse qu'il payerait comptant ; le receveur de l'Assiette diocésaine devant en faire recette dans ses comptes de la présente année. Le P. dom Lancelot y consentit, et, de la sorte, se termina une affaire qui durait depuis bien des années, ainsi que nous l'avons dit ailleurs[1].

IX. — Un édit royal du mois de mai 1768[2] avait pourvu à l'augmentation des congrues des curés et des vicaires. Il portait les premières de 300 livres à 500[3] ; les secondes de 150 livres à 200, il laissait aux curés la jouissance des presbytères et leurs dépendances, ainsi que celle des oblations, de même que les revenus destinés à l'acquit des fondations : à la charge toutefois de justifier des titres constitutifs. La congrue devait être payée par les prieurs

[1] *L'Évêque François-Renaud de Villeneufve*, pag. 221 et suiv.

[2] *Edit portant fixation des Portions Congrues*, donné à Versailles au mois de mai 1768 ; enregistré au Parlement de Toulouse, le 3 juin 1769.

[3] En 1786, la portion congrue « c'est-à-dire *convenable* » fut portée à 700 livres pour les curés.

primitifs ou seigneurs temporels, gros décimateurs, « de
quartier en quartier, et d'avance, franches de toute imposition et charge. Aux curés ou vicaires perpétuels était laissée
la faculté d'opter la portion congrue, en abandonnant tous
les autres revenus, provenant de la dîme, même de la dîme
perçue des *novales* [1], c'est-à-dire des terrains nouvellement
défrichés et mis en culture. Ceux qui ne voulaient pas
opter pour la portion congrue devaient continuer à jouir
de tous les revenus dont ils se trouvaient en possession à
la date de l'enregistrement de l'Edit. Cette augmentation
de traitement partirait du 1er janvier 1769 ; mais les actes
d'adoption et d'abandon ne pouvaient avoir leur exécution
qu'après avoir été insinués au greffe des insinuations
ecclésiastiques, sur les registres tenus par le notaire royal
du diocèse ».

Le 7 juillet 1768, il fut rendu un Arrêt du Conseil qui
autorisait les bureaux diocésains (jusqu'à ce que l'Assemblée générale du Clergé y eût pourvu) à répartir sur les
curés et vicaires, tant perpétuels qu'amovibles, les impositions dont il serait juste de décharger les gros décimateurs, relativement à la diminution de leurs revenus,
opérée par ces suppléments. Mais, comme à la publication
de cet Arrêt du Conseil, les curés n'avaient pas encore pu
se prononcer pour ou contre l'option, il était impossible à
la chambre ecclésiastique ou bureau diocésain, de comprendre cette modification dans la répartition des pro-
chaines impositions. Il fallut renvoyer la chose à l'année
suivante.

X. — Avant l'élévation du taux de la congrue, l'état du
clergé paroissial était bien misérable, malgré tout ce que
nos évêques avaient fait pour adoucir leur position. Citons

[1] V., aux *Pièces justificatives*, le N° XI.

en particulier M. de Pradel et M. de Villeneufve. Affligés de leur pauvreté, ils voulurent donner aux curés ou vicaires perpétuels la possibilité de pourvoir aux dépenses les plus indispensables, telles que l'entretien et le renouvellement des ornements de la sacristie, du luminaire de l'autel et de la lampe qui doit brûler jour et nuit devant le Saint-Sacrement. Ils avaient, en leur qualité de seigneurs temporels, de gros décimateurs ou prieurs primitifs, abandonné à ces prêtres la jouissance et même la propriété de certaines terres dépendant de la mense épiscopale. Beaucoup de curés ne jouissaient d'aucun fonds de terre, d'aucun revenu ecclésiastique, ni même d'aucune novale. Ceux qui se trouvaient dans l'aisance percevaient pour cette dernière une somme qui s'élevait de 6 à 20 livres, par an. Quelques-uns touchaient de 30 à 40 livres, Les plus riches, fort rares ceux-là, montaient à 50 ou 60 livres et même à 120, comme le curé de Saint-Martin de Tréviers : mais cette somme n'était jamais dépassée. Dans leur acte d'option, ces curés stipulaient qu'ils n'entendaient nullement renoncer aux fonds de terre et aux modestes revenus conférés par les curés primitifs, à eux ou à leurs prédécesseurs ; ces fondations ayant pour objet de subvenir aux dépenses indispensables du culte et à l'entretien d'un clerc. Disons-le en passant, « les sommes allouées étaient généralement minimes et s'élevaient au maximum, la première à 30 livres, la seconde à 50 livres ; « sommes très insuffisantes pour la décence du culte divin, le salaire et la nourriture d'une personne nécessaire au service de la paroisse ». Cette observation se trouve couchée sur la plupart des actes d'option enregistrés au greffe des insinuations ecclésiastiques.

XI. — Le trésorier du chapitre cathédral n'entendit pas l'édit de la même façon que les curés du diocèse. Lorsque ceux-ci s'approchèrent de sa caisse pour retirer le premier quartier de la récente augmentation, il leur présenta un acte dressé d'avance, contenant une renonciation expresse à la dépense de la sacristie, portée cependant aux arrêts du Parlement de Toulouse et fixée à la somme de 22 livres par ordonnance de M. de Charancy, évêque de Montpellier, et de plus une renonciation à la somme de 50 livres par an, pour le service d'un clerc. Le chapitre avait pourtant jusque-là payé ces deux petites sommes. Au pied de cet acte ou formulaire, on lisait la signature des quatre curés de la ville de Montpellier, dont le sort n'était pas comparable à celui des pauvres curés de campagne. L'arrêt du Parlement avait conservé à ces derniers les dépenses de la sacristie et du salaire du clerc. Une sentence du sénéchal, de son côté, maintint dans ses droits le curé du Causse de La Selle. Le curé de Soriech et bien d'autres après lui ne voulurent pas d'une congrue diminuée de 72 livres et réduite à 428. Ils se pourvurent en justice, consentant à renoncer à tous les fonds, dîmes de toute nature, même aux novales. Ils réclamèrent leur congrue de 500 livres, franche de toute dépense de la sacristie et du salaire du clerc[1].

En vertu d'une délibération du bureau, présidé par M. de Durfort (15 juillet 1769), les curés furent taxés pour l'augmentation de leur congrue et les décimateurs déchargés d'autant; mais comme déjà plusieurs avaient payé leurs impositions sur l'ancien pied et que la caisse diocésaine ne pouvait recevoir des deux côtés à la fois, il fut décidé que les décimateurs seraient remboursés de la somme versée en augmentation par les curés (Lundi 9 avril 1770).

---

[1] Arch. de l'Hérault, G, IV, 20 ; *26e Reg. du Greffe des Insinuations ecclésiastiques*, f° 7 et suiv.

XII. — Il n'y avait pourtant pas grand empressement de la part des bénéficiers à payer les sommes auxquelles ils avaient été taxés, et le receveur des dîmes rendant ses comptes se plaignait habituellement de ce qu'un grand nombre d'entre eux étaient en retard pour se libérer vis-à-vis de sa caisse. D'un autre côté, à l'Assemblée Générale du Clergé de France, on se plaignait de ce que le receveur de la Chambre Ecclésiastique de Montpellier ne versait pas régulièrement ses fonds. La question revenant devant le Bureau Diocésain, le receveur cherchait à se justifier sur le grand retard apporté par les contribuables. Pour en finir, et arriver à l'exactitude voulue dans le versement des impositions, le Bureau délibéra de faire peser la responsabilité des rentrées sur le receveur et de mettre à sa charge les sommes pour lesquelles il ne justifierait pas de ses diligences (Jeudi 18 mars 1773).

C'était une obligation de plus, pour un traitement quelque peu « congru ». On en prit occasion pour augmenter tout doucement les gages du personnel de la Chambre Diocésaine. La question fut mise officiellement sur le tapis par le syndic Farjon, dans la séance du 8 février 1774. « Quelques membres du Bureau, dit-il, ont observé que les gages et honoraires des Députés à la Chambre Diocésaine sont extrêmement modiques, puisqu'ils ne se portent qu'à la somme de 108 livres ; Que cet honoraire leur paraît insuffisant dans le temps présent, surtout pour les prieurs et curés députés qui sont souvent obligés de se déplacer pour assister aux assemblées ; Que cette insuffisance est encore plus remarquable à l'occasion des assemblées réitérées pour l'examen et jugement des déclarations exigées de tous les bénéficiers et contribuables aux décimes. De semblables raisons, ajoutait-il, avaient engagé la Chambre à augmenter dans différents temps, et par différentes délibérations, les gages du receveur des décimes, du secrétaire de la Chambre et du bedeau, et à concéder des gratifications aux députés pour des peines et des travaux extraordinaires ». Sur cette proposition du syndic, l'assemblée délibéra de porter la présente année les honoraires de « MM. de la Chambre », savoir : ceux des députés de 108 à 200 livres ; du syndic de 25 livres à 125 ; ceux du secrétaire de 180 à 300. Mais comme le bureau en procédant à ces augmentations outre-passait ses pouvoirs, attendu que cette question devait être réglée par l'Assemblée souveraine de Toulouse, sinon par l'Assemblée Générale du Clergé de France ; pour ce motif, il vota l'augmentation sous forme de gratification annuelle [1].

XIII. — En effet, la Chambre Diocésaine de Montpellier ressortissait de la Chambre supérieure de Toulouse [2], à laquelle elle envoyait un député du second ordre [3].

XIV. — Les bureaux diocésains formaient le premier degré des Assemblées ecclésiastiques. Au-dessus d'eux, nous trouvons les Assemblées provinciales au nombre de seize [4]. Deux fois, pendant l'épiscopat de M. de Durfort, se tint l'Assemblée de la province de Narbonne. La première fois, ce fut le 27 décembre 1767, à Montpellier. L'évêque

---

[1] Arch. de l'Hérault, *Chambre ecclésiastique, Reg. des Délib. du Clergé.*

[2] En France, on comptait huit Chambres générales ou supérieures : Paris, Lyon, Tours, Bordeaux, Rouen, Toulouse, Aix et Bourges.

[3] L'abbé Joseph de Lordat de Brun, chanoine de l'église Saint-Sernin de Toulouse, conseiller-député de la province de Narbonne, en la Chambre souveraine du Clergé établie à Toulouse, étant mort, M. de Durfort et les membres de la Chambre diocésaine de Montpellier désignèrent pour le remplacer Paul-Benoit Barthe, prêtre, chanoine de l'église Saint-Paul de Narbonne (Arch. de l'Hérault, *Reg. des Délib. du Clergé de Montpellier*, vendredi 15 février 1771).

[4] 1º Reims, 2º Arles, 3º Narbonne, 4º Toulouse, 5º Embrun, 6º Vienne, 7º Tours, 8º Paris, 9º Auch, 10º Bordeaux, 11º Sens, 12º Aix, 13º Arles, 14º Bourges, 15º Rouen, 16º Lyon.

du diocèse en était membre de droit et devait être accompagné par un de ses prêtres, faisant partie du bureau diocésain. Le Bureau diocésain se réunit sous la présidence de M. de Durfort afin de délibérer du choix qu'il entendait faire d'un député du second ordre, pour assister à l'Assemblée provinciale convoquée par l'archevêque de Narbonne, et concourir au choix du député que la province avait à envoyer à l'Assemblée Générale du Clergé de France, laquelle devait avoir lieu, à Paris, le 14 mars 1770. Le Bureau Diocésain nomma l'abbé Arnilhac, docteur en théologie, chanoine, archidiacre, syndic du clergé de Montpellier, pour se trouver avec l'Evêque à la réunion de la province et faire l'élection de deux députés, l'un du premier ordre et l'autre du second, pour l'Assemblée générale. L'Assemblée provinciale se réunit de nouveau, le 30 avril 1772, à Narbonne. M. de Durfort et l'abbé Farjon, un de ses vicaires généraux, s'y trouvèrent et concoururent à l'élection des députés envoyés à l'Assemblée générale extraordinaire du Clergé de France, convoquée, à Paris, pour le 10 janvier de la même année [1].

A la grande réunion de 1770, furent envoyés Dillon, archevêque-primat de Narbonne et Henri-François d'Ornac de S.-Marcel, prêtre, chanoine de la cathédrale de Nimes [2].

XV. — Une délibération prise cette même année par l'Assemblée générale eut pour objet la réfection dans tout le territoire du royaume des pouillés diocésains fixant les impositions dues par les membres du clergé tant régulier que séculier. La mesure était urgente, au moins pour notre pays, car depuis son remaniement, en 1740, il n'y avait

[1] Arch. de l'Hérault, *Délib. du Clergé de Montp.*, vendredi 22 décembre 1769 et vendredi 24 avril 1772.

[2] Etude de Mᵉ Galibert, not. à Montpellier, *Procuration passée par devant Granier, not. royal et apost.*, le 27 décembre 1769.

été opéré aucune modification. Ce travail si nécessaire ne fut pourtant pas exécuté ; les anciens tarifs demeurèrent en vigueur jusqu'à la Révolution. Ils nous fournissent néanmoins de précieuses indications. Le classement des membres du clergé y est fait méthodiquement et avec beaucoup de clarté. C'est l'Evêque le premier. « A tout seigneur, tout honneur ! » Il ouvre la marche sous ce titre général : *Bénéfice à résidence et à cure d'âme*. Il forme à lui seul une catégorie spéciale. Viennent ensuite les Prieurés-Cures, les Vicairies, les Cures, les Bénéfices de chœur, les Bénéfices simples et enfin les Communautés religieuses, en tout 273 articles, le n° 134 étant porté deux fois. A chaque numéro sont marqués les revenus bruts, les charges et le revenu net. Le registre où sont consignées ces diverses indications présente un intérêt majeur pour l'histoire ecclésiastique de notre diocèse ; nous avons voulu n'en rien perdre. Nous l'avons donc reproduit en son entier, à nos *Pièces justificatives*, N° XII ; mais en lui donnant la forme synoptique, de beaucoup plus courte, qui permet d'un coup d'œil de saisir tous les détails. Ce qui frappe, en premier lieu, c'est la désignation des titulaires ou patrons sous lesquels sont placés les bénéfices de toute nature, tant de ceux qui ont disparu que de ceux qui ont été conservés (avec certaines modifications), au grand remaniement concordataire. Cette longue et intéressante nomenclature vient confirmer l'exactitude d'un travail exécuté en 1895 sous la haute direction de l'illustre Pontife qui tient actuellement sous sa houlette paternelle les cinq anciens diocèses dont la réunion a formé le département de l'Hérault[1]. Après l'énumération des prieurés-cures, au nombre de 30, sont marquées les 13 vicairies, perpétuelles ou amovibles,

---

[1] *Ordo ad usum Ecclesiarum Diœcesis Montispessulani, pro festis Patronorum et Titularium, anno 1896.*

des bénéfices possédés par des ordres religieux et gérés par des titulaires agréés par l'autorité diocésaine. Les curés, simplement curés, distincts des prieurs-curés, et formant un total de 75, sont inscrits à leur suite, dont quatre pour la ville de Montpellier (Saint-Pierre, Notre-Dame des Tables, Sainte-Anne et Saint-Denis) et deux pour Mauguio (Notre-Dame et Saint-Jacques). On groupe ensuite en 29 articles les *Bénéfices de chœur*; comptant comme simples unités les chapitres, les associations capitulaires et autres, et ne faisant guère mention individuelle que pour les dignités et personnats. La partie la plus longue, sinon la plus rétribuée, est celle des *Bénéfices simples*, c'est-à-dire sans charge d'âmes. Elle est composée de 100 numéros, ni plus ni moins.

Un simple coup d'œil jeté sur cette série de bénéfices simples, composée presque uniquement de chapellenies, fera comprendre ce qu'était ou ce que pouvait être dans l'ancien diocèse de Montpellier la *pluralité des bénéfices* si souvent défendue par l'Eglise. A différentes époques, de pieux chrétiens avaient fondé ce qu'on appelait des chapelles dans telle ou telle église et avaient, par actes notariés, assuré des rétributions aux prêtres qui les desserviraient et aux simples clercs qui les feraient desservir par des prêtres; mais à ces bénéfices simples (pauvres petits bénéfices pour la plupart!) ils avaient attaché certaines fonctions, ou services religieux : une messe, une procession, la récitation publique de telle prière. Les chapelains avaient encore à prélever sur leurs revenus les taxes, décimes et autres impositions dont étaient frappés leurs bénéfices; quelquefois des pensions à payer et toujours prises sur le revenu. Il résultait de là que les titulaires se trouvaient n'avoir en revenu net qu'une somme tout à fait insignifiante.

F. S.   6

Ainsi :

N° 157. St-Laurent et St-Etienne, en St-Denis de Montpellier 3 livres 8 sous
N° 163. N.-D. de Consolation, en St-Nicolas   —   3 — 14 —
N° 164. St-Esprit et Ste-Anne, en St-Paul   —   1 — 14 —
N° 186. St-Michel, en N.-D. des Tables   —   0 — 14 —

Quand on n'était que simple chapelain dans ces conditions, on avait le droit et le devoir de mourir de faim, si
l'on ne recourait pas à la pluralité des bénéfices. Donnons
dès à présent une explication devenue nécessaire. D'après
le Pouillé diocésain qui servait de règle en 1770, nous
venons de mentionner la chapelle Saint-Nicolas, qui n'existait plus à cette époque et dont le service avait été transféré
en l'église paroissiale de Notre-Dame des Tables. Beaucoup
d'autres chapellenies, non seulement de la ville épiscopale
mais des autres localités, se trouvaient dans le même cas :
ces fondations pieuses avaient survécu à la destruction des
édifices sacrés ; la plupart du moins. Quant à celles dont les
obligations n'étaient plus remplies (sans doute parce qu'on
avait cessé d'en fournir les honoraires), M. de Durfort voulut
les faire revivre et nomma de nouveaux titulaires ; avisant
aux moyens de rétablir les revenus sur lesquels elles repo-
saient ; groupant assez régulièrement sur une même tête
plusieurs de ces petits bénéfices. Pour en faciliter le service,
il le confia aux prêtres chargés de l'administration spirituelle
dans les églises où ces chapellenies avaient été transférées [1].

Les *Communautés religieuses* forment une dernière catégorie de contribuables ; il est inutile que nous en fassions
ici le relevé, le document officiel consigné à nos *Pièces
justificatives*, présentant à lui seul les indications suffisan-
tes. Nous nous bornerons à signaler quelques particularités.
1° Sont compris parmi les Communautés religieuses les

[1] Arch. de l'Hérault, Fonds de l'Évêché de Montpellier, G, IV; *20e Reg.
du Greffe des Insin. eccl.*; — *27e Reg. des Actes de Nominations*,
passim.

Marguilliers et Ouvriers de la paroisse Notre-Dame des Tables de Montpellier et les Marguilliers de l'Œuvre de Frontignan. Pourquoi ces deux institutions et pas d'autres? Sans doute à cause du privilège dont elles jouissaient de fournir les draperies et tentures funèbres pour les sépultures. — 2° Sont encore compris les frères de la dévote confrérie séculière Notre-Dame, Saint-Claude du Charnier et Charité Saint-Barthélemy, qui jouissaient encore de certains droits de même nature que ceux dont nous venons de parler. — Ceci donnerait l'explication du silence absolu gardé au sujet de la Confrérie des Pénitents-Blancs. — Cette mention de la Confrérie Notre-Dame, Saint-Claude, *etc.*, n'est pas indiquée sous le titre, que lui donna Berger de Charancy, le 26 février 1746, de Confrérie des Pénitents-Bleus. D'un autre côté les Pères de l'Oratoire qui s'étaient retirés du Collège royal et de la ville de Montpellier, le 12 août 1762, sont pourtant marqués sur la liste ; preuve que le Pouillé, tel que nous l'avons reproduit, servait déjà de règle depuis quelques années. — Les Pères de la Compagnie de Jésus et les Chanoines réguliers de Saint-Ruf y figuraient encore avec raison ; la suppression des Jésuites n'ayant été opérée, par la Bulle *Dominus et Redemptor*, que le 21 juillet 1773 ; la suppression et sécularisation de l'Ordre de Saint-Ruf n'ayant eu son effet, à Montpellier, qu'après le 7 janvier 1774, postérieurement à l'Ordonnance rendue à ce sujet par M. de Durfort en faveur de l'Evêque de Valence, chargé par Clément XIV de procéder à ladite suppression et sécularisation [1].

[1] Voir aux *Pièces justificatives*, n° VIII, le texte de l'Ordonnance épiscopale.

CHAPITRE V.

I. — A la fin du chapitre précédent nous avons dit un mot de l'ancienne Confrérie Saint-Claude du Charnier, assimilée en quelque sorte par le Pouillé diocésain à l'Œuvre de la paroisse Notre-Dame des Tables. Nous devons donner quelques explications à ce sujet. Un différend existait depuis longues années entre ces deux institutions catholiques. Dès l'année 1710, les marguilliers de Notre-Dame avaient eu à se plaindre des atteintes portées par plusieurs Compagnies religieuses au droit exclusif qu'ils avaient de fournir les ornements funèbres pour les inhumations. Afin de prévenir les prétentions qui pourraient se renouveler à cet égard, ils dressèrent, le 5 octobre 1760, un nouveau tarif et un règlement pour les sépultures et les enterrements. Ce tarif et ce règlement furent autorisés par arrêt du Parlement, le 8 mai 1762. Les Pénitents-Bleus firent opposition et prétendirent avoir le droit de fournir les tentures et les ornements funèbres. D'après eux, c'était du prieur de Saint-

Firmin qu'ils tenaient ce droit, et ils mettaient en avant un arrêt de 1403, confirmant un accord passé entre les habitants de la ville et les « Bassiniers de la Confrérie Saint-Claude » (transformée, en 1749, en Confrérie des Pénitents-Bleus, par M. de Charancy), au sujet de la sépulture au cimetière public de Saint-Barthélemy. Le Prieur, administrateur de ce cimetière, recevait les émoluments provenant de la fourniture des ornements funèbres. Les Bassiniers de la chapelle du cimetière érigèrent une croix dans ce champ des morts (8 mars 1416). La chapelle était déjà devenue une église (1425) dont l'évêque, Jean de Bonald, faisait la dédicace solennelle, en 1481. Le même prélat dressait des règlements pour le service qui devait s'y faire. Six chapelains la desservaient, au su et du consentement du Prieur de Saint-Firmin, qui cédait tous ses droits sur le cimetière en faveur de la Confrérie, moyennant certaines redevances ; se réservant en outre d'officier quatre fois par an, aux jours les plus solennels. Toujours, d'après les affirmations des Pénitents-Bleus, les draps mortuaires et tentures de deuil avaient fait jusque-là partie du mobilier de l'église du cimetière, et leur louage était entré dans ses revenus. Ils citaient en preuve une cinquantaine d'inventaires notariés. Quatre ans après la délivrance de la ville par Louis XIII (1626), les prévôts de la Compagnie obtiennent du commandant de la place que le cimetière soit mis sous sa garde et sa protection. Ils y érigent une nouvelle croix, attaquent ceux qui avaient démoli une partie des murailles et fournissent, comme par le passé, les ornements funéraires pour la sépulture des rares catholiques existant encore dans la cité. Cette dernière assertion est soutenue par la présentation des comptes de l'époque.

L'usage de ce droit fut troublé par la création des offices de *Jurés-Crieurs*, dont les marguilliers de Notre-Dame firent l'acquisition, mais, bientôt privés de ces offices, ils se rejetèrent sur les Ordonnances des évêques, en faveur des paroisses, à l'encontre des Confréries. Ils soutenaient en somme que la fourniture des ornements était un droit paroissial et que ce droit était acquis à l'Œuvre de Notre-Dame des Tables, comme substituée à Saint-Firmin, paroisse primitive de Montpellier. Pendant la litispendance (5 avril 1763), les Pénitents-Bleus fournirent des litres pour l'enterrement d'un conseiller à la Cour des Aides ; les marguilliers les firent saisir. Trois jours après, ils saisirent aussi un drap mortuaire que les Pénitents-Bleus avaient livré pour un autre enterrement ; ce qui obligea ceux-ci à s'adresser au Parlement de Toulouse pour demander la cassation des saisies.

Les Pénitents-Blancs intervinrent dans cette affaire et demandèrent d'être maintenus dans le droit de fournir, sans rétribution, les draps mortuaires pour les enterrements de leurs frères, de leurs femmes et de leurs enfants. Le Parlement rendit un arrêté, le 5 septembre 1769, qui condamna les Pénitents-Bleus à l'amende et à la restitution des émoluments qu'ils avaient reçus pour ces fournitures depuis le 8 mars 1762 ; démit les Pénitents-Blancs de leur demande ; déclara les ornements funèbres confisqués au profit de la paroisse Notre-Dame et condamna les deux Compagnies, chacune en ce qui la concernait, aux dépens envers la fabrique : ils s'élevaient à la somme totale de 2,063 livres, 5 sous, 11 deniers. Cet arrêté, qui fut imprimé, assura aux marguilliers un droit dont ils jouirent paisiblement jusqu'à la Révolution [1].

---

[1] Cf. Arch. des Pénit.-Bleus, 7e *Reg. des Délib.*; — Arch. des Pénit.-Blancs, *10e et 11e Reg. des Délib.*; — J.-P. THOMAS, *Mém. hist. sur l'Égl. N.-D. des Tables de Montpellier*, pag. 326 et suiv.; — et *Mém.* divers ayant figuré au procès.

II. — Et puisque nous parlons des Pénitents, nous voici tout naturellement amenés à faire connaître les relations de notre Evêque avec ces Confréries « dévotes, royales » et quelque peu turbulentes. M. de Durfort se prêtait volontiers aux demandes que lui adressaient les Pénitents de sa ville épiscopale de relever par sa présence l'éclat de leurs fêtes et de leurs cérémonies. L'association des Pénitents-Blancs, placée sous le vocable du Saint-Esprit, recevait toutes les années, à l'époque de l'Octave de la Pentecôte, de nombreux fidèles, désireux d'entendre la parole de Dieu, annoncée par quelque prédicateur en renom ; et, toutes les années aussi, la Compagnie ne manquait pas d'envoyer une députation à l'Evêque pour le prier de venir célébrer la messe le lundi de la Pentecôte, suivant l'usage de ses prédécesseurs. Le Prélat était harangué à la porte de la chapelle par un des principaux officiers [1].

Chez les Pénitents-Bleus, la fête dont la pompe surpassait toutes les autres, celle à laquelle l'Evêque célébrait la messe, était l'Annonciation de la Sainte-Vierge (25 mars), et, de même que celui-ci faisait aux Pénitents-Blancs l'honneur d'assister à une des prédications de la Pentecôte, de même il se rendait au sermon dans la chapelle des Pénitents-Bleus, pour leur grande fête, et donnait la bénédiction du Très Saint-Sacrement [2].

Après son départ, la Compagnie sortait en procession pour se rendre à la cathédrale, à l'occasion d'un vœu fait par elle pour la paix, le 22 mars 1761, et y chantait les

---

[1] Une fois l'Évêque se trouvait à Paris (1er juin 1770) où l'avaient envoyé les États de la Province ; un de ses vicaires généraux, l'abbé Des Pallières, le suppléa et célébra la messe demandée (Arch. des Pénit.-Blancs, *10e et 11e Reg. des Délib.*, passim).

[2] Arch. des Pénit.-Bleus, *7e et 8e Reg. des Délib.*, 25 mars 1767 et passim.

prières pour la paix et pour le roi. Les consuls, en chaperon, assistaient à la procession et à la cérémonie [1].

Plein de bienveillance pour ces compagnies religieuses, l'Evêque savait tout quitter pour assister, de temps à autre, aux diverses prédications données dans leurs chapelles en dehors de l'Octave de la Pentecôte et de la fête de l'Annonciation ; car chez les Pénitents-Blancs et chez les Pénitents-Bleus on donnait encore toutes les années les stations de l'Avent et du Carême, à l'égal de ce qui se pratiquait dans les paroisses. Il y avait là un abus, auquel M. de Durfort dut chercher à porter remède. *Ne quid nimis*, dit le proverbe. Les Pénitents-Bleus avaient trois prédications en carême : les lundis, mercredis et samedis. C'était, au dire des confrères, en vertu d'une permission verbale de M. de Villeneufve ; mais, comme ils ne pouvaient justifier d'un titre, M. de Durfort, malgré tout son désir d'être agréable à la Compagnie, ne voulut pas maintenir la permission pour le mercredi. A la nouvelle que cet évêque allait prochainement quitter le diocèse, les Pénitents essayèrent de se faire rendre cette prédication du mercredi et adressèrent dans ce but une supplique au prélat ; et, comme une des raisons de la suppression du sermon du mercredi était que le même jour il y avait également prédication à l'hôpital général, la Compagnie offrit de donner en compensation, toutes les années, à cette maison, le neuvième de la recette totale qu'ils feraient par les chaises ; promettant, en outre, que cette somme ne serait jamais inférieure à 50 livres. Pour un bien de paix, l'Evêque rendit l'Ordonnance suivante, qui laissait à ses successeurs toute liberté d'action.

[1] *Loc. cit.*, 25 mars 1768.

III. — « Ordonnance de Mgr l'Évêque de Montpellier.

> » Raymond de Durfort, par la grâce de Dieu, etc.
> » A tous ceux que ces présentes verront, salut.

» Scavoir faisons que vû la Requête à nous présentée par les Prévôts et Officiers de la Compagnie des Pénitents-Bleus de cette ville, aux fins de Permission de faire prêcher dans leur chapelle les lundis, mercredis et samedis de chaque semaine pendant le Carême ; laquelle leur a été accordée autrefois verbalement et ensuite restrainte à deux, les lundis et samedis, à cause de certains inconvénients qu'il y avait à craindre, qui ne peuvent plus être craints, indépendamment de ce qui a été fait pour y remédier et du bien que ces discours peuvent procurer, étant faits par des prédicateurs de premier ordre ; les deux extraits des délibérations prises l'une le 30 janvier, par le bureau de l'Hôpital-Général ; l'autre le 2 février, par le bureau de direction des Pénitents-Bleus de cette ville, joints à lad. Requête ; — Permettons au prédicateur du Carême, de cette année, en la chapelle des Pénitents-Bleus de cette ville, d'y prêcher les lundis, mercredis et samedis de chaque semaine, en considération du bien que lesdits Pénitents en font espérer ; lequel s'effectuant et continuant, leur faire accorder tous les ans par nos successeurs la continuation de la même grâce.

» Donné à Montpellier, dans notre palais épiscopal, *etc.*, le 18 février 1774 ».

> » † R. Evêque de Montpellier.

» *Par Monseigneur* :

> » Lambert, Secrétaire [1] ».

---

[1] Arch. des Pénit.-Bleus, *8e Reg. des Délib.*, pag. 38 et suiv.

IV. — Grands amateurs de manifestations extérieures, les Pénitents prenaient part à toutes les processions auxquelles assistait le clergé, sans oublier celle du 20 octobre, en mémoire de la délivrance de la ville par Louis XIII, et à laquelle les consuls en robe portaient le dais. Ils avaient en outre leurs processions particulières. La cérémonie de la visite des églises le Jeudi-Saint était même l'occasion d'une sortie solennelle, véritable procession, qui partait de la chapelle après le chant de l'office, parcourait bon nombre de rues et visitait quelques églises dans lesquelles le Saint-Sacrement était exposé. Pendant le pontificat de M. de Durfort (1768) et probablement sur son conseil, les Pénitents-Bleus eurent le bon sens de supprimer un de ces cortèges annuels qui se formait le mardi-gras. Par deux délibérations, ils reconnurent ce qu'il y avait d'indécent à circuler, au milieu de la dissipation du carnaval, pour aller faire des prières dans l'église paroissiale Sainte-Anne, où le Saint-Sacrement était exposé, tandis qu'il l'était également dans leur propre chapelle [1].

On vient de voir que les Consuls assistaient en costume officiel à la procession de la Délivrance de la Ville. Ils suivaient également les processions générales du *Corpus Christi*, où ils portaient le dais. Ils agissaient de même pour la procession des Confréries, dans l'octave de la Fête-Dieu. Ceci donna naissance à des difficultés entre les Pénitents-Blancs et les chefs de la municipalité, pour la solution desquelles il fallut l'intervention de l'Evêque. Le 20 juin 1767, les consuls assemblés à l'Hôtel de Ville furent informés que la Confrérie des Pénitents-Blancs avait remis au greffe, suivant l'usage, un projet du tour que devait parcourir leur procession. Le tour fut trouvé trop long ; il

[1] Arch. des Pénit.-Bleus, 7e *Reg. des Délib.*, mardi 16 février 1768.

fallait en effet passer près des sept portes de la ville, et les
consuls, obligés de porter, le matin du même jour, le dais
à la procession de Saint-Pierre, ne se sentaient pas de force à
le porter encore le soir à la procession des Pénitents-Blancs,
s'il y avait à suivre dans toute son étendue le parcours
indiqué par eux. La municipalité décida qu'on le réduirait.
Aussitôt, ordre est donné au trompette d'aller dans les rues
par où la municipalité consentait à passer. Il était enjoint
aux habitants de balayer les rues et de tapisser le devant
de leurs maisons, le lendemain dimanche après-midi, pour
la procession des Pénitents-Blancs. Ceux-ci refusèrent
d'accepter le tracé de la mairie, disant que la municipalité
n'avait aucun droit de modifier l'itinéraire tracé par la Compagnie. Les Consuls se rendirent auprès de l'Evêque pour
l'informer de ce qui se passait. Celui-ci approuva la conduite des Consuls et manda le prieur des Pénitents au palais
épiscopal, le chargea de dire aux confrères de finir cette
contestation qu'il trouvait fort déplacée de leur part. Ceci
n'empêcha pas les Pénitents d'aller de l'avant. Le même
jour, samedi, à 11 heures du soir, ils firent signifier, par
huissier, aux officiers municipaux, un acte pour les requérir
de « suivre le mémoire de route de leur procession, suivant l'état remis par eux la veille au greffe consulaire et,
en conséquence, de faire courir le trompette dans les rues
par eux indiquées, et faute de ce faire, protestent de se
pourvoir où et par devant qui il appartiendra, pour les y
obliger ». Les Pénitents oubliaient que, l'année précédente,
le tour de la procession avait été réduit par la municipalité
à cause de sa longueur. Le lendemain matin, dimanche,
vers 9 heures, comme les consuls passaient leurs robes
rouges pour se rendre à Saint-Pierre et y porter le dais,
.l'huissier de la veille se présenta devant eux et leur signifia
une nouvelle requête, remise au Sénéchal par les Péni-

tents, dans laquelle ceux-ci concluaient à ce que « les officiers municipaux fussent assignés en jugement pour les voir
maintenir dans l'usage et droit où ils sont de régler et fixer
le tour que doit tenir leur procession du Saint-Sacrement,
avec deffense aux officiers municipaux de l'augmenter
ou diminuer, à peine de dix mille livres d'amende ». Sur
ce, le juge-mage rendit une ordonnance aux fins de la
requête. Les Consuls se rendirent à Saint-Pierre, où ils
assistèrent à la messe. Ils s'unirent ensuite à la procession
et y portèrent le dais comme ils en avaient l'habitude. En
sortant de l'Eglise, la cérémonie terminée, ils se présentèrent au palais épiscopal, pour faire part à l'Evêque tant de
l'acte que de l'assignation et le supplier de nouveau de vouloir bien interposer son autorité, pour éviter tout scandale.

Dès que le prélat apprit la conduite de la Confrérie, il
en fut affligé ; ne put cacher ses regrets, et dit aux consuls
qu'il avait été surpris et trompé ; que la conduite des
Pénitents était contraire à tout ce qu'ils lui avaient promis
la veille. Il donna aux consuls l'assurance qu'il allait
s'appliquer à faire cesser les entreprises de la Confrérie.
Satisfaits de l'accueil que leur avait fait le premier pasteur
du diocèse, les officiers municipaux se retirèrent ; il était
une heure après-midi. Ceux-ci, rentrés à l'Hôtel-de-Ville,
ordonnèrent au concierge de remettre aux Pénitents le
dais de la mairie, s'ils venaient le demander. Les Pénitents, de leur côté, se hâtèrent de prendre un huissier
pour publier le tour de leur procession, avec leur bedeau
portant une clochette. Ils suivirent l'itinéraire maintenu
par la Confrérie ; le bedeau s'évertuait à carillonner et
l'huissier criait « de la part du roi et du sénéchal » injonc-
tion aux habitants de balayer les rues et de tapisser les
façades de leurs maisons, à peine de dix livres d'amende.
L'Evêque, informé de ce qui se passait, envoya chercher

les prieurs des pénitents et leur dit combien il était surpris
du peu de déférence qu'ils avaient pour ses ordres ; et il
leur proposa un nouvel itinéraire. Pendant ces allées et
venues, la procession sortit de la chapelle et se mit en
marche ; les bâtons du dais étant tenus par des officiers
de la compagnie en sacs (le sous-prieur, le syndic, le por-
tier de chœur, et l'ancien sous-prieur). Les Pénitents-
Blancs comprirent cependant ce qu'il y avait de répréhensible dans leurs procédés et, deux jours après, ils prirent
une délibération par laquelle ils déclaraient accepter la
médiation de l'Evêque. Il y avait pourtant dans le conseil
une minorité récalcitrante, et, pendant que les uns délibé-
raient, les autres bouleversaient les archives de la compagnie, recherchant les vieux titres, afin de pouvoir dresser
un mémoire établissant les droits des Pénitents. M. de
Durfort était trop conciliant pour échouer dans son œuvre
de pacification. Il parvint à rétablir la bonne harmonie. Il
donna raison aux Pénitents-Blancs, en les autorisant à continuer, comme par le passé, d'envoyer aux officiers municipaux le programme du parcours de la procession : il
donna raison aux officiers municipaux, en leur reconnaissant le droit de le modifier quand il leur paraîtrait trop
long. Le 10 mai 1768, deux consuls et deux officiers des
Pénitents, munis de pleins ponvoirs, se réunirent à l'Hôtel-
de-Ville et convinrent que les choses seraient remises en
leur premier état et que toutes les pièces du procès leur
seraient livrées en original et par eux lacérées ; attendu
que rien n'obligeait les consuls à porter le dais aux processions des Confréries [1]. Que s'ils l'avaient fait, c'était pour

[1] D'après un ancien usage, les Consuls portaient le dais, en robe de
cérémonie, à la procession générale du Saint-Sacrement le jeudi de la
Fête-Dieu, à la *Cathédrale*, le matin et à la paroisse *Saint-Denis*, *le
soir*; le dimanche dans l'Octave, à la paroisse *Saint-Pierre*, le matin,
et aux *Pénitents-Blancs*, le soir; le mardi, aux *Pénitents-Bleus*, le

accomplir un acte de religion et qu'ils pourraient s'en dispenser toutes les fois qu'on n'aurait pas égard aux représentations faites sur la longueur du tour, ainsi qu'il en avait été usé en 1767. La paix signée, les consuls assistèrent comme par le passé à la procession des Pénitents-Blancs. Il était huit heures du soir lorsque, tout étant terminé, les consuls se retirèrent, accompagnés jusqu'à la porte de la chapelle par les dignitaires de la compagnie [1].

V. — Après les Pénitents-Blancs, l'Evêque eut à s'occuper des Pénitents-Bleus, toujours à propos des processions. Il leur adressa la lettre suivante :

« A Montpellier, ce 26 mai 1769.

» Je n'ai pas cru, Messieurs, qu'il fût nécessaire de faire publier de nouveau l'Ordonnance rendue en 1767, au sujet des processions générales et particulières qui se font dans la ville de Montpellier pendant l'octave de la Fête-Dieu ; et je rends trop de justice à votre amour particulier pour le bon ordre, que vous désirez aussi bien que moi, d'établir dans les processions que votre confrairie a permission de faire pour douter un seul instant de votre zéle et de votre vigilance à écarter tout ce qui pourroit occasionner la moindre dissipation. Je ne puis cependant, Messieurs, me dispenser de vous prier, en particulier, d'avoir la plus grande attention à ce que l'on ne permette pas qu'il s'introduise, dans vos processions du Saint-Sacrement, aucun de

soir ; le jeudi, jour de l'Octave, à la paroisse *Notre-Dame*, le matin, et à la paroisse *Sainte-Anne*, le soir. Il en était de même, le 20 octobre, pour la procession de la Délivrance de Montpellier (*Cérém. Consulaire*, n° VIII, passim).

[1] *Cérém. Consul.*, n° VIII, 21 juin 1767, pag. 328 ; 28 mars 1768, pag. 254 ; 9 et 10 mars 1768 ; 10 mai 1768, pag. 357 et suiv. — Arch. des Pénit.-Blancs, *10ᵉ Reg. des Délib.*, fᵒˢ 167 et 171.

ces abus inséparables de certaines espèces d'encensement et de certains chœurs de musique, que mon devoir m'oblige d'interdire en pareille circonstance. J'espère, Messieurs, que vos confrères vous donneront la satisfaction de pouvoir m'être un sûr garant que votre Confrairie ne se mettra jamais dans le cas de m'affliger au point de me forcer à restraindre les permissions que mes prédécesseurs ont bien voulu accorder dans le temps de sa première ferveur. — On ne peut rien ajouter aux sentimens distingués avec lesquels j'ai l'honneur d'être très parfaitement, Messieurs, votre très humble et très obéissant serviteur.

» † R. Evêque de Montpellier.

»Je vous prie, Messieurs, de donner lecture de ma lettre au bureau de direction de votre Compagnie et de la transcrire dans le registre de vos délibérations de l'année 1769[1] ».

VI. — Les Pénitents-Bleus se réunissent aussitôt et cherchent à se bien rendre compte de la pensée de l'Evêque. « Sa lettre, disent-ils, paraît avoir deux objets : le premier rappelle l'Ordonnance rendue au mois de juin 1767, au sujet des processions générales et particulières qui se font dans la ville pendant l'octave de la Fête-Dieu. Rien ne peut être plus agréable à la Compagnie que l'exécution de cette même Ordonnance, puisque c'était le Bureau qui l'avait sollicitée, soit vis-à-vis de M. de Villeneufve, soit vis-à-vis de M. de Durfort. En effet, rien n'était plus indécent que cette troupe d'enfants, habillés de différentes façons, qui se mettaient au milieu des processions, y fixaient l'attention par la manière dont ils étaient habillés

[1] Arch. des Pénit.-Bleus, 7ᵉ *Reg. des Délib.*, pag. 296.

et étaient toujours de la plus grande incommodité. Le second objet de la lettre de Mgr l'Evêque est relatif aux abus qu'il semble appréhender, comme une suite des encensements et de certains chants de musique. Ce n'est pas la première fois que Monseigneur témoigne une pareille inquiétude. Il y a deux ans, et peu après son arrivée dans ce diocèse, il l'avait fait connaitre à ceux qui étaient alors à la tête de la Compagnie ; lesquels avaient tâché de dissiper ces craintes, en lui rapportant la manière dont cette procession était toujours faite. En effet, peu de jours après, Mgr l'Evêque ayant été instruit des détails de la procession qu'il y avait eu ladite année, avait bien voulu témoigner publiquement toute sa satisfaction. Néanmoins, aujourd'hui ces mêmes plaintes paraissent se renouveler. La Compagnie ne doit rien négliger pour lui donner des preuves de son empressement à se conformer à ses vues et à mériter de plus en plus la continuation des bontés dont il veut bien l'honorer ». Sur ces considérations, il fut décidé que deux des principaux officiers se rendraient au palais épiscopal, rendraient compte au Prélat de la délibération et lui témoigneraient tout l'empressement des Pénitents à mériter la continuation de ses bontés [1].

Trois ou quatre ans plus tard, M. de Durfort se vit dans la nécessité de revenir à la charge, au moins pour les Pénitents-Blancs, et de leur rappeler les recommandations qu'il avait faites aux deux compagnies sur la manière dont elles devaient se comporter aux processions de la Fête-Dieu, « tant sous le rapport de la musique que des encensoirs et de la corbeille [2] ».

[1] *Loc. cit.*, 26 mai 1769.
[2] Arch. des Pénit.-Blancs, *11ᵉ Reg. des Délib.*, 20 mai 1773.

VII. — L'Evêque eut encore à intervenir plusieurs fois dans les difficultés soulevées par les Pénitents, à propos de sépultures. Nous n'en citerons que deux exemples. Voici le premier : C'était un usage immémorial chez les Pénitents-Bleus qu'un membre de la Compagnie venant à décéder, son corps était porté à la sépulture par les Frères, sans distinction de qualité, laïque ou ecclésiastique. Or, au convoi du F. Feautrier, prêtre, ancien jésuite, les ecclésiastiques de la paroisse Notre-Dame s'étaient mis en mesure de porter le corps. Ils en avaient, il est vrai, demandé la permission à l'Evêque, qui les y avait autorisés. Les syndics des Pénitents, apprenant cette nouvelle, prétendirent que, si telle était l'intention du Prélat, c'était sans doute parce qu'on lui avait laissé ignorer l'usage établi et affirmèrent que la Compagnie ne consentirait jamais à pareille innovation. Et, sans perdre de temps, ils se transportèrent chez le juge-mage, lui demandant une Ordonnance pour que, en cas de contestation, la Compagnie pût être maintenue dans ses droits et usages. Le juge-mage fit ce qu'on réclamait de son ministère; mais avant de délivrer l'autorisation, il voulut informer l'Evêque de ce qui se passait. Celui-ci venait d'envoyer un billet de sa main, au médecin Desplans, un des principaux officiers des Pénitents-Bleus et le pria de veiller à ce que la Compagnie ne mît point d'obstacle aux pieuses intentions des ecclésiastiques. Le Frère Desplans se rendit aussitôt au palais épiscopal et n'eut pas de peine à faire comprendre au Pontife que l'usage dont les Pénitents-Bleus demandaient le maintien et l'exécution, était fondé sur l'obligation à eux imposée de porter à la sépulture les corps de leurs confrères. M. de Durfort se rendit aux observations qu'on lui présentait et approuva très fort que la Compagnie suivît ses vieux usages. Les ecclésiastiques de Notre-Dame essayèrent de faire

revenir l'Evêque sur sa décision ; mais leurs efforts demeurèrent impuissants ; le Frère Feautrier fut inhumé selon
l'usage, et son corps porté par les Pénitents désignés par le
maître des cérémonies[1].

VIII. — Autre exemple qui fait ressortir l'esprit conciliant
mais en même temps juste et ferme de l'Evêque. Le vendredi 30 août 1771, à 3 heures du matin, venait de mourir après une longue maladie le chevalier d'Aigrefeuille,
premier président à la Cour des Comptes, Aides et Finances.
Les sacrements de l'Eglise lui avaient été administrés
l'avant-veille par M. de Durfort, en présence du curé
Lafont (de la paroisse Saint-Pierre). Ce dernier avait
porté le Saint-Viatique, accompagné de plusieurs officiers
de la Cour qui tenaient tous un flambeau à la main ; le dais
étant porté par quatre présidents. Dès que le décès eut été
connu, la Cour se réunit, à 8 heures du matin, pour régler
la cérémonie des obsèques, qui furent fixées au 2 septembre. Le prieur des Pénitents-Blancs, F. de Massilian, apprit
que les Pénitents-Bleus se proposaient d'assister au convoi,
à l'exclusion de sa Compagnie, par la raison que le défunt
avant d'être admis chez les Pénitents-Blancs avait été reçu
dans la Confrérie des Pénitents-Bleus. Le F. de Massilian
s'empressa de remettre à l'Evêque un Mémoire dans lequel
il combattait cette prétention. Il s'appuyait sur ce que la
Compagnie des Pénitents-Blancs était en possession d'assister (comme réputés faisant partie du clergé de la ville)
aux convois des personnes en place, qu'elles fussent ou non
reçues dans la Compagnie. Il faisait de plus valoir une
déclaration du conseiller d'Aigrefeuille, fils du défunt, affirmant que son père pendant sa dernière maladie avait
réclamé les prières de la Confrérie et témoigné le désir
qu'elle assistât à son convoi, exclusivement aux Pénitents-

[1] Arch. des Pénit.-Bleus, 7ᵉ *Reg. des Délib.*, jeudi 22 août 1767.

Bleus. Sur ce, et par mesure de prudence, l'Evêque fit défendre aux deux Compagnies d'approcher non seulement du défunt, mais encore du palais où était déposé son corps. Il entendit les réclamations des Pénitents-Bleus qui présentèrent des arrétés du parlement de Toulouse, portant que lorsque venait à décéder un individu inscrit sur les listes de deux Compagnies de Pénitents, — ce qui était le cas du président, — celle où il avait été premièrement reçu avait le droit de l'ensevelir à l'exclusion de l'autre. Les Pénitents-Blancs répondirent que ces arrêts ne devaient être entendus que des personnes ordinaires, qui n'avaient pas le droit d'avoir à leurs funérailles tous les corps ecclésiastiques de la ville, et qu'ils ne pouvaient être appliqués aux personnes constituées en dignité, ainsi qu'il avait été décidé en 1757 par M. de Villeneufve, prédécesseur immédiat de M. de Durfort, pour le convoi du maréchal de Mirepoix, bien qu'il eût été reçu en premier lieu dans la Confrérie des Pénitents-Bleus, de Mirepoix. L'Evêque affirma que la volonté du défunt était que les honneurs funèbres lui fussent rendus par les Pénitents-Blancs. Il s'en était ouvert plusieurs fois à l'Evêque lui-même ; sa veuve et son fils l'attestaient du reste très énergiquement. Le prélat mit fin à la contestation par cette Ordonnance :

« Raymond de Durfort, par la grâce de Dieu, etc.

» Sur les représentations qui nous auroient été faites par les deux Compagnies de Pénitents, établies à Montpellier par nos prédécesseurs, qu'il pourroit s'élever des contestations entre elles au sujet de l'enterrement de feu M. Daigrefeuille, Premier Président en la Cour souveraine des Comptes, Aides et Finances de cette ville, qui pendant sa vie auroit été successivement reçu et installé confrère dans les deux Confréries, et voulant maintenir autant qu'il est en notre pouvoir l'union qui règne entre elles, sans préju-

dice à leurs droits respectifs, contenus dans un arrêt con-
tradictoirement rendu en la Cour du Parlement de Toulouse, nous avons jugé et estimons que la seule Confrérie
des Pénitents-Blancs doit être convoquée et invitée à rendre
les derniers honneurs funèbres à feu M. le Premier Président ; attendu qu'il nous auroit déclaré luy-même, en différentes circonstances de sa vie, que telles étaient ses intentions ; que M. Daigrefeuille, son fils, nous aurait d'ailleurs
confirmées depuis sa mort : et c'est d'après toutes ces considérations que nous prions M. le Prieur de la Compagnie
des Pénitents-Bleus de donner à ses Confrères connoissance de notre présente décision, et de laisser aux seuls
Pénitents-Blancs le soin de députer des Confrères pour
prier aux pieds du lit de feu M. le Premier Président et
d'assister en corps à son convoy. — Donné à Montpellier,
dans notre palais épiscopal, le vendredy soir, 30 août
1771, sous notre seing, le contreseing de notre secrétaire
et le sceau de nos armes.

» † R. Evêque de Montpellier.

» *Par Monseigneur* : Alric, vice-secrétaire. »

A la réception de ce pli, le bureau de direction des
Pénitents-Bleus décida de se soumettre respectueusement
à la décision de l'Evêque, et se consolant de ce que l'Ordonnance ne visait que le présent et n'innovait rien pour
l'avenir, fit preuve de nobles sentiments. Afin de marquer
au Premier Président des marques de sa sympathie et de
ses regrets, voulut que la sonnerie du glas fût continuée
d'heure en heure jusqu'au moment de la sépulture et que
pendant plusieurs jours on chantât dans la chapelle l'office
des morts [1].

---

[1] Arch. des Pénit.-Blancs, *11° Reg. des Délib.* — Arch. des Pénit.-
Bleus, *7° Reg. des Délib. — Hist. de Montpellier* continuée par De La
Pijardière, tom. IV, 30 août 1771.

IX. — En 1769, l'esprit de conciliation de notre Evêque
intervint à propos, pour la bonne solution d'un différend
qui s'était élevé entre le chapitre et les membres de la
cour des aides, au sujet des places que ceux-ci voulaient
occuper dans le chœur de la cathédrale, les jours de grande
cérémonie. — A cette époque, le chœur était séparé de la
nef par un jubé dont les colonnes et la boiserie qui le
supportaient empêchaient de voir l'autel et cachaient aux
membres de la cour la plupart des cérémonies, lorsqu'ils
étaient dans leurs bancs. — D'ailleurs, le chœur était fermé
par un mur élevé tout autour d'environ cinq pieds et demi,
ayant au-dessus une fermeture en bois, de sorte que l'autel
n'était visible que par la porte du jubé et les ouvertures
en planches mobiles d'un pied en carré, placées au-dessus
des stalles, que l'on abaissait pendant le temps des offices.
Ne pouvant demander la destruction du jubé, ni le changement de la clôture du chœur, les membres de la cour
des aides et des autres cours de justice désiraient occuper,
les jours de solennité et des cérémonies publiques, les
stalles dans le chœur des chanoines, et leurs désirs se
changèrent bientôt en prétentions, fondées sur un édit de
1695.— Pour donner à Messieurs de la cour des aides des
marques de sa déférence et du désir qu'il avait de les
satisfaire, le chapitre délibéra, le 17 mars 1769, de faire
abattre le jubé [1], de poser à l'entrée du chœur une grille en
fer et de faire construire, en dehors du chœur, des bancs
où les chanoines se placeraient pendant les prédications.
Grâce à l'intervention de l'Evêque et à celle du maréchal de
Beauvau, commandant en chef la province de Languedoc,
cette solution eût donné satisfaction à toutes les parties ;
mais déjà le conseil du roi était saisi du différend. Il fallut

---

[1] Il fut démoli le 4 avril suivant.

attendre sa décision. Elle fut donnée par un arrêt qui accorda à la cour des aides et aux autres compagnies de justice ce qu'elles avaient demandé (26 décembre 1769). Dans les circonstances solennelles dont il s'agissait, le prévôt du chapitre conserva la première stalle ; mais les suivantes durent être cédées aux députations des compagnies et les autres chanoines se virent obligés à ne prendre place qu'après elles. — Cette décision ne fut pas étrangère aux changements qui s'opérèrent quelques années plus tard, sous l'épiscopat de M. de Matide, dans la disposition du chœur de la cathédrale, qui fut placé derrière l'autel[1].

X. — Tout le monde connaissait, à Montpellier, la douceur évangélique de l'Evêque et son esprit de conciliation. Le conseil général de la ville lui donna des preuves de sa grande estime pour un si noble caractère. Le bel aqueduc de Saint-Clément était achevé ; il n'y avait plus qu'à distribuer ses eaux dans les divers quartiers. On voulait établir, pour le moment, deux fontaines monumentales en marbre. La première devait être construite au milieu de la *Place de l'Intendance*, à l'endroit même où s'élevait jadis le grand temple[2], et la seconde sur la place des Cévenols[3]. Mais les points indiqués pour l'établissement de ces fontaines étaient occupés par deux croix. Le conseil reconnaissait la nécessité de déplacer ces deux monuments de la foi catholique; il reconnaissait aussi que ce changement ne pouvait se faire qu'avec l'autorisation de l'Evêque. Le

---

[1] J.-P. THOMAS, *Mém. hist. sur Montpellier*, pag. 222-224. — L. DE LA ROQUE, *Les Évêques de Maguelone et de Montpellier*, pag. 188-189. Montpellier, Calas, 1 vol. in-8.

[2] Le grand temple, bâti en 1585, démoli en 1681, occupait la place de la Préfecture.

[3] Cette place était entre la rue Saint-Guilhem, la rue Barralerie, le square de la Préfecture et la rue de la Loge.

maire était parfaitement de cet avis ; il en avait même déjà conféré avec le Prélat. Le chef de la municipalité, rendant compte à son conseil de cet entretien, lui disait qu'il avait demandé à l'Evêque la permission de déplacer ces deux croix et que celui-ci la lui avait accordée « avec cette bonté et cette politesse qui lui sont naturelles, et qu'il avait chargé l'abbé Farjon, chanoine et archidiacre de la cathédrale et son vicaire général, de cet arrangement ». Le maire ajouta qu'il était aussi convenable que juste de placer l'une et l'autre de ces croix, dans l'endroit qui serait convenu, avec toute la solidité, la sécurité et la décence dues à un monument aussi respectable. Le conseil s'empressa de voter pour ce double transfert les sommes nécessaires et chargea l'architecte Donnat de son exécution[1]. La croix de la place de l'Intendance fut adossée au mur de l'hôtel qui est présentement la Préfecture et celle de la place des Cévenols érigée devant la façade de la Poissonnerie[2].

[1] Arch. municip. de Montpellier, BB, *Reg. des Délib.*, 17 avril 1773.
[2] *Mém. de Delort*, continués d'après le Ms de *Giroud*, tom. II, pag. 279.

CHAPITRE VI.

I. — Des difficultés d'un autre genre s'élevèrent, en 1770, entre l'Evêque et les consuls de Montpellier. Ce fut au sujet du séminaire diocésain.

Les consuls prétendaient que les trois maisons et le jardin acquis par M. de Villeneufve, ne formant plus qu'une seule propriété, devaient être soumis à la taille, parce qu'ils n'étaient pas affectés, au moins exclusivement au service du séminaire. En conséquence, le trésorier-clavaire de la ville réclamait non seulement la taille pour ces immeubles, mais encore les arrérages de cette imposition depuis que M. de Villeneufve était entré en leur possession. Le syndic du séminaire, agissant en vertu des instructions de son Evêque, refusait tout paiement de taille pour ces maisons, attendu qu'elles étaient, depuis la donation que cet évêque en avait faite au séminaire, entièrement affectées à cet établissement, et que par conséquent elles devaient être immunes de toute imposition, conformément à l'article 5 de la déclaration du Roi du 9 octobre 1684. Plaiderie devant la Cour des Aides ; rapports d'experts constatant que le bâtiment était entièrement consacré au service du séminaire. Toute la question, comme

la fin du procès, étaient là. Il eût été facile aux consuls de
le faire vérifier d'abord, sans faire dépenser pour cela
150 livres, en frais de procédure, à l'établissement ecclésiastique.

Les revenus du séminaire étaient insuffisants à sa des-
tination. Ils ne consistaient guère qu'en de modiques rentes
provenant du prieuré de Grandmont et d'une somme de
1,500 fr. payée annuellement par le diocèse[1]. Le Gouvernement, ou la Cour, pour parler le langage du temps,
vint au secours de notre école ecclésiastique en y réunis-
sant les biens de l'Ordre de Saint-Ruf et de l'Ordre du Saint-
Esprit.

II. — L'Ordre hospitalier du Saint-Esprit datait de la fin
du XIIe siècle, par la fondation d'un hôpital à Montpellier,
au faubourg du Pyla-Saint-Gély, faite par Frère Guy, fils
de Guillaume, seigneur de cette ville. Le pape Innocent III
avait déclaré cette maison chef-lieu de l'Ordre, titre qui
lui fut presque toujours contesté. Son personnel était composé de chanoines réguliers de Saint-Augustin. Ruinée
en 1562, la maison de Montpellier ne put être rétablie que
très imparfaitement. L'ordre déclina de plus en plus
jusqu'au moment où le pape et le roi de France prescri-
virent son extinction et la réunion de ses biens à d'autres
institutions, c'est-à-dire d'abord à l'Ordre des chevaliers
de Notre-Dame du Mont-Carmel et de Saint-Lazare, de
Jérusalem, puis au séminaire de Montpellier. Ses revenus,

---

[1] Il résulte d'un état dressé en 1776, par M. Boyer, supérieur du séminaire, que, avant l'attribution à cette maison des biens de Saint-Ruf et
du Saint-Esprit, ses revenus étaient de 8,521^l 19^s et ses charges de
6,017^l 4^s 4^d, en y comprenant les fonds destinés aux jeunes ecclésiastiques
(3,721^l 19^s) : par conséquent il restait net pour l'entretien, la nourriture
et l'honoraire des prêtres-directeurs, et pour la nourriture et les gages
des domestiques, la somme de 2,504^l 4^s 8^d (Arch. de l'Hérault, Fonds du
Séminaire).

déduction faite des charges, arrivaient à peine à la somme de 2,227 livres, 14 sous, 4 deniers et provenaient de divers objets dont les principaux étaient une maison à Montpellier, près le Pont de la Boucherie, et le domaine de Mezouls, à Mauguio.

III. — Saint-Ruf était une abbaye de chanoines réguliers de Saint-Augustin, établie à Valence, en Dauphiné, par saint Ruf, archevêque de Lyon, en 1107. A cet ordre appartenait Anglic Grimoard de Grisac, frère du pape Urbain V. C'est à ce cardinal qu'on doit la fondation du collège de Saint-Ruf, à Montpellier, en 1365. Cette maison eut beaucoup à souffrir des guerres de religion. Destinée à recevoir dix-huit chanoines, elle ne comptait plus, en 1739, qu'un prieur triennal, un sacristain à titre et trois autres cloîtriers. Le reste des étudiants était retenu à Valence par leur abbé général, aux dépens de la maison de Montpellier, qui fournissait à leur entretien, dans le séminaire où on les envoyait pour se préparer aux ordres. Dans la suite, l'abbé de Saint-Ruf sollicita la suppression de la maison de Montpellier et demanda d'en attribuer tous les revenus à la maison de Valence, chef-lieu de l'ordre. Le pape Clément XIV fit paraître, le 1er juillet 1871, un bref par lequel il éteignait et supprimait l'ordre de Saint-Ruf et en sécularisait tous les membres ; il donna encore, au mois de février 1773, une bulle interprétative de ce bref, et en attribua l'exécution à l'évêque de Valence[1]. La bulle autorisait chaque prélat dans le diocèse duquel les maisons et établissements de l'ordre étaient situés, à unir tous les revenus qui en provenaient, à tels séminaires, hôpitaux, églises paroissiales, bénéfices et offices ecclésiastiques, et

[1] V., aux *Pièces justificatives*, N° XIII.

même aux menses soit épiscopales, soit capitulaires des églises cathédrales et collégiales qu'ils jugeraient à propos, avec la réserve que, dans le cas d'union à la mense épiscopale, ce serait aux archevêques qu'il faudrait avoir recours et qu'appartiendrait le droit de faire de pareilles unions. Louis XV régla le mode de régie et d'administration de ces biens et donna, le 12 juin 1773, des lettres-patentes pour l'exécution du bref de 1771 et de la bulle de 1773.

IV. — Il s'agissait d'appliquer ces dispositions au collège de Saint-Ruf, de Montpellier. Les intérêts des dettes particulières à chaque maison de l'ordre devaient être payés par la maison qui les avait contractées, ou par ceux auxquels elle aurait été unie, et conséquemment à l'égard du collège de Saint-Ruf, de Montpellier, par ce même collège ou par le séminaire; et on affectait au paiement de ces intérêts les biens de ces maisons et leurs dépendances. Les dettes particulières de l'ordre, à Montpellier, consistaient en 11,600 livres en capital et 557 livres en intérêts. Celles qui étaient communes à tout l'ordre s'élevaient à 120,642 livres en capital et à 5,956 livres qu'il fallut répartir entre les diocèses. Or, les biens de la maison de Montpellier consistaient alors en la maison conventuelle même du collège de Saint-Ruf, située avec son jardin en face de l'évêché (aujourd'hui l'Ecole de Médecine) et de l'église cathédrale de Saint-Pierre, un prieuré simple sur la communauté de Mauguio et un petit prieuré sur le mont Saint-Loup, paroisse de Cazevieille. Le Grand-Conseil établit le revenu et fixa la portion de la dette commune, les intérêts et remboursements pour la maison de Montpellier, de la manière suivante :

	REVENU	PORTION de la dette commune			INTÉRÊTS et rembours.
	liv.	liv.	s.	d.	liv.
Le Collège................	6.000	12.809	8	8	1.200
Le prieuré de Mauguio.....	155	330	17	2	31
Le prieuré de Saint-Loup...	30	64	0	11	6
Totaux....	6.185	13.204	6	9	1.237

V.— Un des articles des lettres patentes du 12 juin 1773 portait que chacun des chanoines réguliers recevrait une pension viagère, fixée par le conseil d'Etat. Trois des religieux attachés à la maison de Montpellier et sécularisés furent inscrits sur le tableau des pensionnaires, c'étaient :

Joseph-Louis de Tardivon, de Verzat, pour 1500 livres.
Alexandre Robert, de Lemps.... ... — 1500 —
Joseph X...., de Nantes........ — 1400 —

Un quatrième semblait avoir été oublié, c'était Jean-Baptiste Maulandy, prêtre, chanoine de l'ordre, demeurant dans le diocèse de Montpellier depuis bien des années, et qui gérait les biens du collège. L'évêque Raymond de Durfort écrivit à son sujet le 7 janvier 1774 à l'évêque de Valence, Fiacre-François de Grave, chargé de tout ce qui concernait la suppression et la sécularisation de l'ordre de Saint-Ruf[1]. Maulandy fut porté sur la liste des pensionnés pour une somme annuelle de 1500 livres, prise sur les revenus du prieuré de Sarnach et de l'aumônerie d'Aimargues, dans le diocèse de Nimes.

De compte fait, la double union de Saint-Ruf et du Saint-Esprit apporta au séminaire un accroissement de revenu

[1] Nous donnons ce document à nos *Pièces justificatives*, N° VII.

net de 12,358 l. 17 s. 9 d. ; au moyen duquel cette maison dut pourvoir aux frais du culte, des étudiants pauvres du diocèse, des pensions de retraite aux curés, des maîtres et maîtresses d'école, dans les localités où étaient situés les biens nouvellement attribués au séminaire et satisfaire aux dettes générales et particulières des deux Ordres supprimés [1].

VI. — Nous touchons à la fin de l'épiscopat de R. de Durfort, à Montpellier. Un de ses derniers actes administratifs fut la nomination d'une des quatre chapellenies dites de Sainte-Foy, en l'église des Pénitents. Sur la présentation du collateur, le marquis d'Aubais, il la confia (janvier 1774) à un de ses vicaires généraux, l'abbé Jacques de Rochemore [2]. Quelques jours après, l'évêque se trouvant en semaine [3], comme premier chanoine de sa cathédrale, conféra la cure ou vicairie perpétuelle de Vendargues, devenue vacante par la démission du titulaire, à Vincens Teissier,

[1] Cf. Arch. de l'Hérault, Fonds du Séminaire, de l'Ordre de Saint-Ruf et de l'ordre du Saint-Esprit, de Montpellier.

[2] Si nous mentionnons la nomination à ce bénéfice de minime importance, c'est à cause de celui qui devait en jouir. L'abbé J. de Rochemore, prêtre du diocèse de Nimes, chanoine à la cathédrale d'Alais, docteur en droit canon, avait été investi du titre de vicaire général de M. de Durfort (30 juin 1771), et nous trouvons dans les anciens registres de l'évêché la preuve qu'il en avait rempli les fonctions. C'est, sans doute, à cause de son habileté bien reconnue en fait d'administration qu'on le choisit, en 1802, pour occuper le siège épiscopal de Montpellier et travailler à organiser le nouveau diocèse dont les limites devaient se confondre avec celles du département de l'Hérault. C'est aussi, sans doute, à raison même de cette sorte d'apprentissage ou de noviciat fait dans sa jeunesse, en qualité de vicaire général dans le pays où on voulait l'envoyer, que M. de Rochemore refusa le noble, mais redoutable fardeau dont on allait le charger.

[3] « Canonicus hebdomadarius et in turno ad conferendum in hebdomadâ quæ incipit à die vigesima secunda mensis januarii, post solis occasum, usque ad diem vigesiman nonam ejusdem mensis, etiam post solis occasum. »

prêtre du diocèse de Viviers. Celui-ci fut solennellement installé, le 8 mars suivant, avec les cérémonies accoutumées [1].

VII. — A partir du 4 mars 1774, on ne rencontre plus la signature de l'Évêque sur les registres de sa chancellerie, et, après le 24 du même mois, on ne voit pas que ce pontife ait fait un acte quelconque d'administration au moins pour la collation des bénéfices. Il venait d'être nommé à l'archevêché de Besançon et se trouvait à Paris quand on apprit à Montpellier (10 mai) que le roi avait la petite vérole. Les vicaires généraux ordonnèrent immédiatement des prières publiques. Commencées dans les quatre paroisses de la ville le même jour et le lendemain dans toutes les autres églises, elles furent continuées jusqu'au 17 du même mois, jour où l'on eut connaissance de la mort de Louis XV [2]. Pendant que, dans le diocèse, on priait pour la conservation de ce monarque, l'abbé Barrier (*Joseph*), chanoine et syndic du chapitre, reçut de Paris un paquet assez volumineux, que l'Evêque adressait aux prévôt, dignitaires et chanoines de la cathédrale. L'envoi remis à l'abbé Loys de Saint-Marcel, chanoine, grand-archidiacre et président du chapitre, fut ouvert par celui-ci et communiqué à l'assemblée capitulaire. M. de Durfort faisait savoir qu'il avait été nommé archevêque de Besançon, qu'il avait été préconisé en cette qualité le 18 avril, que sa démission portant la date du 24 janvier avait été présentée au pape et agréée par lui, et

---

[1] Il nous paraît bon d'attirer l'attention du lecteur sur cet ecclésiastique. Teissier, en effet, après avoir généreusement confessé la foi catholique dans les mauvais jours de la Révolution, devint, en 1802, le chef des anticoncordataires, ou des *Purs*, dans l'ancien diocèse de Montpellier. On peut voir ce que nous en avons dit au tome IV de notre *Histoire religieuse du Département de l'Hérault pendant la Révolution, le Consulat et les premières années de l'Empire.*

[2] Louis XV était mort le 10, à 3 h. 1/4 du soir.

qu'il remettait au chapitre tous ses pouvoirs de juridiction. La lettre de l'évêque était datée du 5 mai.

Le chapitre entre en délibération. Le syndic Barrier déclare le siège vacant, et les pouvoirs conférés par M. de Durfort à ses vicaires généraux éteints. Tous les chanoines seront convoqués à domicile pour la validité des résolutions à prendre. La nomination des vicaires capitulaires sera faite le lendemain, samedi le 14 mai, après la messe du Saint-Esprit. En attendant, le chanoine Farjon, archidiacre de Valence, et le chanoine des Pallières, tous deux anciens vicaires généraux de M. de Durfort, sont désignés pour faire fonctions de grands-vicaires. Puis, quand arrive le moment fixé, les chanoines procèdent aux votes. Ils donnent la première place à M. de Malide, évêque d'Avranches, désigné par le roi pour occuper le siège épiscopal de Montpellier [1].

M. Raymond de Durfort-Léobard laissait derrière lui le souvenir d'une administration sage et fructueuse. Il avait eu le talent de faire servir à l'œuvre de la pacification des esprits les qualités rares que Dieu lui avait départies et qui devaient faire le bonheur de ses diocésains : la modération selon la nature des choses; les œuvres selon l'opportunité des temps; l'esprit d'ordre dans le gouvernement; la mesure dans les paroles; le silence même qui force à la réflexion des esprits les plus prévenus et apaise, faute de matière, dans les cœurs aigris, les flammes des passions. Il suffisait pour la pacification de la contrée que l'Eglise de Montpellier

---

[1] Voici les noms des autres élus du chapitre : *Vicaires généraux* : De Jons, prévôt; Loys, grand archidiacre; Farjon, archidiacre de Valence; d'Agay, chanoine; des Pallières, chanoine. *Official général* : des Pallières, qui cumule les fonctions de chef de l'officialité diocésaine avec celles de vicaire capitulaire, et qui sera guillotiné sous la Terreur. *Promoteur* : Manen, curé de Saint-Denis, à Montpellier. *Secrétaire* : Verdier, prêtre.

possédât pendant huit ans cette réserve prudente, cette dignité modeste, cette continuelle activité du saint Evêque. Après un siècle, sa mémoire y est encore en bénédiction, et, quand son nom y est prononcé, il y recueille « des hommages unanimes, comme si on y éveillait, avec ce nom béni, le souvenir même du zèle le plus pur et de la sagesse la plus consommée » [1].

[1] Besson ; *Oraison funèbre*, pag. 13.

CHAPITRE VII.

I. — M. de Durfort, nommé à l'archevêché de Besançon, à la mort du cardinal de Choiseul, le 15 janvier 1774, préconisé dans le consistoire du 9 mai suivant, reçut le pallium le 17 juin, dans la chapelle de l'archevêché de Paris et prêta, le lendemain, entre les mains du roi, le serment d'usage. Il était demeuré personnellement étranger à toutes les démarches ayant pour objet son transfert à un nouveau siège. Ce choix avait été décidé sur la recommandation du maréchal duc de Duras, son parent, gouverneur de la Franche-Comté. On voulait achever de gagner, par le charme et le renom des plus douces vertus, une province conquise depuis cent ans par les armes, mais sinon rebelle ou mécontente du moins encore pleine de préventions contre des maîtres toujours étrangers à ses yeux. Autrefois,

et durant près de 600 ans, les archevêques étaient les seigneurs temporels de Besançon, et admis à ce titre au
nombre des princes de l'empire d'Allemagne. Après la
conquête de la Franche-Comté, par Louis XIV, ces prélats
n'avaient conservé que le titre et les insignes de cette
dignité et, de plus, sur les confins de Porentruy, un petit
Etat indépendant, mais si réduit qu'il ne comprenait pas
même en entier la bourgade de Mandeure [1].

En somme, M. de Durfort échangeait un siège très riche
contre une résidence moins agréable, avec beaucoup plus
de charges et moins de revenus [2]. Il est vrai qu'il était
devenu métropolitain.

II. — Il prit possession par procureur et n'entra dans
son nouveau diocèse qu'en 1776, retenu sans doute à la
cour par ses fonctions d'aumônier du roi. Ce qui lui permit
de donner la consécration épiscopale, dans l'église Saint-
Louis de Versailles, à deux prêtres de Besançon, Perreau,
nommé à l'évêché de Tricomie, *in partibus* [3], et Dubourg-
Miroudot nommé à l'évêché de Babylone, également *in partibus* [4].

---

[1] Mandeure, l'*Epamanduodurum* des Romains, sur la route de
Besançon au Rhin (dép¹ du Doubs, arr¹ de Montbéliard, cᵒⁿ d'Audin-
court), possède de nombreuses ruines classées parmi les monuments
historiques.

[2] L'archevêché de Besançon possédait 36,000 livres de revenus, provenant à peu près, pour la moitié, de domaines affermés, et pour le reste
d'anciennes propriétés accusées ou cédées en main-morte, et, en outre,
d'un droit de mesurage et de flottage assez élevé sur le commerce de
Besançon (SAUZAY, *Hist. de la Persécution révolutionnaire dans le
dép¹ du Doubs*, tom. I, pag. 82).

[3] Il eut comme assistants, au sacre de Pierre-Joseph Perreau, Léon-
François-Ferdinand de Salignac de La Motte Fénelon, évêque de Lombez,
et Jean-Baptiste du Plessis d'Argentré, évêque de Tagaste *in partibus*.

[4] Il fut assisté dans cette seconde cérémonie par Mathias Poncet de
La Rivière, ancien évêque de Troyes et par Pierre-Joseph Perreau, que
nous venons de voir sacrer par M. de Durfort. — La première de ces or-
dinations eut lieu le 13 avril 1775, l'autre le 23 juin 1776. — Ce Miroudot

III. — A peine a-t-il pris possession du siège archiépiscopal de Besançon, qu'il s'attire l'amour et la vénération
de ses nouveaux diocésains. Pieux, de mœurs irréprocha-
bles, d'une simplicité qui contraste avec le luxe mondain
de son prédécesseur, le cardinal Choiseul-Beaupré, M. de
Durfort ne met point de bornes à sa charité et à sa bienfaisance, répandant dans le sein des pauvres une grande
partie de ses revenus. Dès sa première instruction pastorale, on voit qu'il éprouve comme un pressentiment des
luttes autrement sérieuses que celles dont il sort. « Si la
vie du chrétien, s'écrie-t-il, est un état continuel de guerre,
qu'est-ce que la vie d'un évêque, toujours obligé de com-
battre et pour soi et pour les autres ? » Il compte ce peuple
immense qui remplit son diocèse et il tremble d'en être
devenu le pasteur [1].

Dans un Mandement, publié en 1776, M. de Durfort traçait déjà d'une main émue le tableau désolant de la société,
dont les désordres préparaient la révolution. « Le liberti-
nage de l'esprit, disait-il, triste effet de celui du cœur, fait
des progrès sensibles. Ne voyons-nous pas, en effet, la
témérité des opinions et l'orgueilleuse indépendance succéder à l'humble soumission du fidèle ? Ne voyons-nous
pas une foule d'auteurs n'acquérir une honteuse célébrité
qu'en devenant les apologistes de l'incrédulité et les
panégyristes du crime, en inspirant la haine contre tout ce
qui peut gêner les passions, en attaquant la foi avec une
espèce de fureur, par des arguments captieux, ou en cor-

travailla fort activement, en 1791, à l'établissement en France de l'église
schismatique ; il servit de premier assistant à Gobel, évêque-intrus de
la Seine, pour la consécration sacrilège de trente-trois évêques constitutionnels, au nombre desquels figurait Seguin, ancien chanoine de
Besançon, qui eut le triste courage de supplanter M. de Durfort sur le
siège de Besançon.

[1] *Mandement de prise de possession.*

rompant les mœurs par des livres aussi licencieux que séduisants? Ne voyons-nous pas une jeunesse inconsidérée, que l'amour de la nouveauté, une vaine gloire, une indiscrète curiosité, entrainent dans l'erreur? On loue avec enthousiasme, on dévore avec avidité ces productions aussi funestes que multipliées, où les apôtres de l'irréligion, sous le nom d'amis de l'humanité, prétendent affranchir l'homme de la tyrannie des préjugés et de la superstition, fille de l'ignorance, et où ils établissent un système qui flatte les penchants déréglés et autorise l'homme à suivre toutes les impressions de l'amour-propre et les idées d'une raison aveugle qui s'égare. Oui, nous le disons en gémissant, le nombre des fidèles diminue sensiblement, On ne respecte plus la religion que nous professons, on combat les principes sur lesquels elle est fondée, on méprise les dépôts sacrés où elle est consignée, on tourne en ridicule les vérités qu'elle enseigne, le culte qu'elle prescrit, la morale céleste qu'elle prêche. On traite de rêveries et de chimères les peines dont elle menace ceux qui l'abandonnent, comme les récompenses qu'elle promet à ceux qui l'honorent et la suivent. Nos temples sont ou profanés par de scandaleuses immodesties, ou abandonnés à un petit nombre d'adorateurs. La peinture des vices qui règnent actuellement avec empire n'est pas moins triste. Aux maximes de l'Evangile on substitue les leçons de la perversité et de la licence ; le scandale ne trouve plus de frein ; le luxe n'a plus de bornes, et le faste insulte à la simplicité du chrétien autant qu'à l'indigence du malheureux » [1].

Peu de mois après son arrivée, l'Evêque commence ses tournées pastorales. « Suivez-le dans la visite de son diocèse,

[1] *Mandement pour le Carême de 1776*, Besançon, 24 janvier 1776, impr. J.-M. Conché, 7 pag. in-4°.

dit son panégyriste. Quels pieux transports ! Quels honneurs empressés ! Quel salutaire renouvellement des âmes ! Mais aussi, quel zèle à les instruire et à les prêcher ! Si la science fait le fond de ses instructions, la douceur fait le charme de sa parole. Il a le mérite de l'à-propos et le don de la répartie ; l'affabilité répandue dans toute sa personne attire et retient les peuples autour de lui. Pour l'aimer, il suffit de le voir. Dès qu'on l'a entendu, l'esprit est gagné aussi bien que le cœur ; les préjugés tombent, la foi reprend son empire » [1].

Il fut ainsi aimé dès le commencement. L'exemple de cet amour vient de l'illustre chapitre de la Métropole ; les prêtres le suivent et le répandent ; les fidèles l'imitent ; et les diocèses voisins ont à peine entrevu ce bon pasteur qu'ils disputent avec les diocésains de Besançon à qui le louera davantage et l'appréciera le mieux. Mais si le chapitre, la cité, la province, les étrangers même l'ont aimé beaucoup, comme il le méritait bien et comme il le leur a bien rendu jusqu'à la fin ! Quel respect affectueux pour M. de Franchet de Rans, évêque *in partibus* de Rhosy, « haut-doyen » de son chapitre, et son auxiliaire sous le nom d'évêque suffragant [2].

Il le place à la tête de tous ses conseils : il l'appelle « un autre lui-même ». Quelle déférence envers les chanoines ! et quel échange fraternel dans les marques de tendresse et d'estime qu'il leur donne et qu'il en reçoit ! Il

[1] L'abbé Besson ; *Oraison funèbre de Mgr. de Durfort, Archevêque de Besançon*, pag. 17, Besançon, Turbergue, 1868, in-8°.

[2] Ce prélat, né à Besançon en 1722, et sacré dans la même ville, le 23 mai 1756, était un autre modèle de bonté simple et de vertu aimable. Chez lui, la foi et la piété les plus vives savaient s'allier à l'indulgence la plus tolérante ; et telle était la considération dont il était honoré qu'il fut encore regretté à une époque où tout respect semblait avoir disparu. Il suppléait souvent M. de Durfort dans les fonctions qui exigeaient le caractère épiscopal (Sauzay, tom. I, pag. 7).

obtient du roi Louis XVI, par brevet du 2 mars 1779[1], une décoration pour son chapitre, et le chapitre lui décerne tout d'une voix le titre de *Chanoine honoraire*, et le plus humble de ses titres, devenu ce semble le plus cher à son cœur, est encore aujourd'hui un grand honneur pour sa mémoire. Quelle confiance dans son clergé ! Il le réunit chaque année en synode, renouvelle en sa présence les statuts anciens, en promulgue de nouveaux et ne congédie point l'assemblée sainte sans l'avoir émue jusqu'au fond de l'âme par un discours pathétique.

IV. — En 1777, les portes de l'Académie de sa ville archiépiscopale lui avaient été ouvertes, et, deux ans après, il présidait la savante compagnie. « Je le vois, dès son arrivée à Besançon, prendre séance à l'Académie, la présider avec autorité, y introduire les prêtres éminents qui partagent avec lui le poids des affaires, et célébrer, devant cette compagnie, qui était déjà l'élite de la province, les rapports de la science et de la religion. Dans un tableau majestueux des merveilles de l'univers, il démontre que contempler la nature, c'est étudier son auteur, et célèbre tour à tour les sciences naturelles qui nous apprennent à connaître Dieu, l'histoire qui prouve sa providence, l'éloquence qui le peint et la poésie qui le chante. La docte assemblée paraît, en lui répondant, être l'heureuse interprète des sentiments de toute la province. Elle déclare que si, aux termes des statuts, l'archevêque a droit à la première place, les cœurs la lui donnent une seconde fois. Elle le félicite de soutenir le caractère de prince et celui de pasteur avec une dignité modeste, d'associer les plus grandes vertus aux qualités les plus aimables, la charité

---

[1] Voir à nos *Pièces justificatives* le n° XIV.

au zèle, le don de sentir au talent heureux d'exprimer le sentiment, et, en faisant chérir un nom que la France respecte, de remplir le vœu des peuples de posséder tout ce qui honore la grandeur même [1] ».

V. — Il conclut, le 17 novembre 1779, avec Frédéric-Louis-François de Wangen-Gérolseck, prince-évêque de Bâle, un échange de paroisses qui apporta quelques modifications aux limites orientales du diocèse de Besançon. Il céda, dans la principauté de Porrentruy, vingt paroisses qui, depuis six siècles, dépendaient de Besançon, et, en retour, l'évêque de Bâle mit son métropolitain en possession de vingt-neuf églises, tant curiales que succursales, situées dans la partie française de la Haute-Alsace. Confirmé par une bulle de Pie VI, le 30 janvier 1780, et par l'empereur Joseph II, au mois d'octobre suivant, cet échange ne fut mis à exécution que le 20 janvier 1782 [2]. Ce traité était fort préjudiciable aux intérêts de M. de Durfort, mais réclamé par l'intérêt public. Ce prélat avait montré que son esprit, exempt de préjugés et de passions personnelles, était tout disposé à accepter les réformes et à prendre largement sa part des sacrifices qu'elles imposent à tous. Il était réformateur à la manière des saints et des véritables amis du peuple [3].

VI. — Depuis longtemps, le trop grand nombre de fêtes chômées servait de thème aux déclamations du philosophisme voltairien. Aussi plusieurs des prédécesseurs de M. de Durfort avaient permis le travail aux artisans et aux habitants des campagnes, soit avant, soit après la

[1] BESSON ; *Oraison funèbre*, pag. 15.
[2] *Mandement pour l'échange conclu entre l'Archevêque de Besançon et l'Evêque de Bâle*, 1781. — BESSON, *Oraison funèbre*, pag. 19. — FISQUET, *Dioc. de Montpellier*, pag. 280.
[3] SAUZAY, tom. I, pag. 7.

messe, en certaines de ces fêtes. M. de Durfort crut devoir
en supprimer quelques-unes et en transféra d'autres au
dimanche suivant, et notamment les fêtes de saint Ferréol
et de saint Farjeux, ainsi que celles des patrons parois-
siaux. Il fixa de même la dédicace des églises au dimanche
qui suit la fête de saint Martin, en novembre [1].

A cette occasion, il avait éloquemment défendu l'institution chrétienne des jours de repos contre les faux calculs
des novateurs, qui prétendaient, par leur suppression,
accroître le gain des ouvriers. Avec une chaleur toute
paternelle, il avait démontré que les véritables intérêts du
peuple, celui de sa force, celui de sa dignité, « celui même
des riches, qui recueillent presque tout le fruit de ses
sueurs », et enfin le besoin de rapprocher de temps en
temps, dans une fraternelle égalité, les classes de la
société, trop disposées à s'isoler dans leurs sentiments de
mépris ou d'envie, faisaient de cette institution divine un
bienfait pour tous. Mais, en démasquant ainsi les sophis-
mes d'une science plus agressive qu'expérimentée, le prélat
avait su rester juste, même envers l'erreur et la malveil-
lance, et reconnaître, en le supprimant, l'abus qui pouvait
donner une base légitime à des accusations injustement
étendues. Dans son Mandement, il rappelait, avec une
grande érudition canonique, les décisions des conciles, des
papes et des légats du Saint-Siège qui l'autorisaient à
prendre une si grande mesure, et qui le justifiaient devant
sa conscience sévère de tout reproche de témérité [2].

VII. — Pourvu en 1781 de l'abbaye de la Charité, en
son diocèse [3], il se démit la même année de celle de La

---

[1] *Mandement du 17 mai 1786.* — Fisquet, *loc. cit.*
[2] Sauzay, *Hist. de la Persécution religieuse*, tom. I, pag. 6.
[3] L'abbaye de la Charité, taxée en cour de Rome à 120 florins, donnait
à son abbé commendataire un revenu de 1200 livres.

Vieuville, au diocèse de Dol, en Bretagne, à laquelle il avait été nommé en 1750, avant d'être appelé à l'épiscopat [1]. Mais il conserva son abbaye de Lessay, au diocèse de Coutances [2].

Le 6 février 1787, il envoya des missionnaires à Lons-le-Saulnier, et le corps municipal de cette ville, par délibération du 1er mars, lui adressa des remerciements au sujet de cette mission.

Il fit réimprimer (1776) le *Catéchisme* donné par François Joseph de Grammont, l'un de ses prédécesseurs. Il publia une nouvelle édition du *Missel* du cardinal de Choiseul, en y faisant quelques changements utiles (1780) et une édition du *Manuel* pour l'administration des sacrements. Il allait donner un *Cérémonial*, mais les événements de la Révolution l'en empêchèrent [3].

VIII. — On réclamait, à Besançon, l'autorisation de réunir les Etats de la Province, un arrêt du Conseil en fixa l'ouverture au 26 décembre 1788. En suite de cette permission, les membres des trois ordres, appelés par les anciennes coutumes à en faire partie, se réunirent à Besançon, au jour indiqué, sous la présidence de M. de Durfort, archevêque, président de droit. Après la séance solennelle d'ouverture de l'Assemblée, la chambre particulière du clergé se constitua sous la présidence de M. de Durfort et élut pour secrétaire le chanoine Seguin [4].

---

[1] L'abbaye de La Vieuville était taxée 166 florins. Son abbé commendataire touchait un revenu annuel de 5,000 livres.

[2] Taxée à 600 florins et apportant un revenu de 21,000 livres. Tous ces chiffres sont fournis par l'*Almanach royal*.

[3] FISQUET, *loc. cit.*

[4] Seguin (Philippe-Charles-François), né à Besançon, en 1874, docteur en théologie et chanoine de la collégiale Sainte-Madeleine de Besançon et, plus tard, de la cathédrale de la même ville, jouissait de l'estime de ses collègues, et c'est à cette estime qu'il dut de faire partie des Etats de 1788. A la constitution civile du clergé, il accepta de devenir évêque intrus du Doubs.

Les réclamations des curés, pour être admis aux Etats, furent renvoyées à la commission chargée de préparer une nouvelle organisation de l'Assemblée provinciale. Les curés, se voyant repoussés par la majorité de la Chambre ecclésiastique, adressèrent à M. de Durfort, président des Etats, un écrit extrêmement vif, sous le titre d'*Observations respectueuses*.

« Une main étrangère à notre ordre, disaient-ils à l'archevêque, voudrait anéantir l'effet de votre zèle, celui de l'équité et de la bienfaisance du monarque, en nous plaçant dans l'ordre du tiers-état, où la Providence nous a fait naître, ou du moins réduire à un si petit nombre les députés des curés, qu'ils ne puissent avoir aucune influence dans les délibérations. Cette idée affligeante serait capable de désespérer les curés, s'ils n'attendaient, de la bienfaisance et de l'équité de leur illustre et pieux Prélat, la protection qu'ils réclament avec autant de respect que de confiance. Nous formons la plus nombreuse et la plus forte partie du clergé, la nature de toute société équitable donne un droit imprescriptible à tous les contribuables d'avoir des représentants dans toutes les assemblées économiques... Nous sommes de la hiérarchie divine ; notre institution est sacrée comme celle des évêques. Comme eux, nous sommes pasteurs ; ils sont les premiers, nous sommes les seconds. Nous devons marcher après eux sans intermédiaires. Ils sont nos pères et nous sommes leurs fils aînés... Pourrait-on nous envoyer voter au tiers-état, et nous rendre contribuables dans le premier ordre ? Pourrait-on séparer l'enfant du père, le chef de ses membres les plus nécessaires ?... D'un autre côté, la prépondérance de ceux qui jouissent de nos revenus et tiennent nos places dans les assemblées du clergé, doit-elle nous exclure pour toujours des Etats généraux et rendre nos suffrages inutiles ?...»

Ces « observations respectueuses » n'obtinrent pas grand résultat, malgré l'accueil favorable qu'elles reçurent de l'archevêque : aussi, les membres de la minorité de la chambre ecclésiastique formulèrent-ils de nouvelles réclamations. Il y était dit : « Toute démarche dictée par le zèle du bien public et par l'amour du meilleur des rois est sûre d'être accueillie par Votre Grandeur. Il était essentiel qu'on sût qu'une délibération qui ne peut plaire à nos concitoyens n'a pas été le vœu général. Il était essentiel que les membres du clergé, qui n'étaient pas de la Chambre, sussent qu'un tiers même de cette Chambre a respecté leur opinion et y a conformé la sienne ; car nous pouvons assurer à Votre Grandeur que dans le clergé, soit séculier, soit régulier, le grand nombre nous approuve. » En effet, cette approbation se manifesta bientôt de tous côtés de la manière la plus expansive et la plus bruyante. Mais le parlement de Besançon rendit un arrêt que supprimait cette protestation de la minorité du clergé.

IX. — Cependant tout se préparait pour les grandes assises nationales, et les députés envoyés aux Etats Généraux commençaient à s'installer à Versailles. M. de Durfort ne s'était nullement arrêté aux animosités déplorables et aux récriminations intempestives des partis. Il se tenait dans le recueillement, avec la gravité inquiète que devait inspirer à tout ami de la patrie ce grand déploiement de forces inexpérimentées et incohérentes. Ses regards interrogeaient mélancoliquement l'avenir ; et le 13 mai, tout rempli de ces pensées, déjà attristé par les dissensions qu'il voyait s'élever autour de lui avec tant de violence, non seulement dans les diverses classes de la société, mais encore dans le sein même d'un clergé dont tous les membres lui étaient également chers, il adressait à toutes les paroisses et communautés de son diocèse, un Mandement pour demander des prières en faveur des Etats-Généraux.

« L'Assemblée nationale vient de s'ouvrir, disait-il, événement désiré avec ardeur et attendu avec impatience ; événement l'espoir de l'Etat et peut-être son unique ressource ; mais événement qui demande, pour être suivi d'une heureuse issue, que nous ayons recours aux moyens que la Religion nous offre, afin de rendre le Seigneur propice à nos vœux, dans une conjoncture aussi difficile qu'elle est importante. Non, nos très chers frères, ce n'est point des caprices du hasard, des ressources du génie, des ressorts d'une politique toute humaine que dépend la prospérité des empires. La foi nous montre, dans les cieux, un modérateur suprême qui élève ou abaisse les trônes au gré de sa volonté, qui retire, quand il lui plaît, aux souverains leur sceptre, aux pontifes leur gloire, aux grands leur éclat, aux sages leurs lumières, aux nations leurs forces, et en nous faisant un devoir sacré de révérer les maîtres des peuples, elle veut que nous mettions toute notre confiance dans le maître des rois... Vous les avez entendues avec attendrissement, ces paroles du prince chéri qui nous gouverne : *Venez vous réunir autour de moi et m'aider de vos conseils. Je mettrai sous vos yeux les maux de l'Etat ; vous me découvrirez vos propres besoins, et, animés d'une confiance réciproque, nous assurerons de concert la félicité publique...* Résolution courageuse, langage touchant et vraiment paternel ! Mais quelle entreprise ! Il s'agit de maintenir la splendeur du trône, sans opprimer le peuple ; de fixer irrévocablement la constitution de l'Etat, sans le changer, de prévenir le choc des pouvoirs, sans les renverser ; d'assurer la liberté du citoyen, sans donner des armes à la licence ; de favoriser le progrès des lumières, sans laisser un libre cours à

l'erreur ; d'encourager le commerce, l'industrie et les arts,
sans enhardir le luxe, si fatal aux mœurs et aux empires.
Il s'agit, en un mot, de détruire ce qui est nuisible, de cor-
riger ce qui est vicieux, de réformer ce qui est abusif ;
mais, en même temps, dans les innovations qui paraissent indispensables, de parer à ces secousses violentes et
toujours funestes qui accompagnent d'ordinaire les grands
changements. Que de précautions à prendre ! que d'obstacles à vaincre ! que d'écueils à éviter ! Encore une fois,
quelle entreprise ! Ah ! le Dieu qui l'a inspirée au meilleur des rois peut seul en opérer le succès ! Adressons-
nous donc à ce Dieu tout-puissant. Conjurons-le de répandre
ses dons sur l'auguste Assemblée sur laquelle reposent
les destinées de la France et nos intérêts les plus chers ;
de lui donner cette sagesse qui veut le bien, cette force
qui l'entreprend, ce discernement qui en choisit les
moyens » [1].

X. — Peu de jours auparavant, le généreux pontife avait
donné un nouveau témoignage de son inépuisable charité.
Une souscription ayant été ouverte au mois d'avril, par la
municipalité de Besançon, pour procurer des grains à la
ville menacée de disette, M. de Durfort ouvrit la liste par
une souscription de 2,400 livres en don et 12,000 livres
en prêt gratuit. A son exemple, tout le clergé du diocèse
s'empressa de venir en aide à la misère publique.

XI. — Le 15 juillet 1789, le lendemain de la prise de la
Bastille, M. Blanc (Jean-Denis-Ferréol), avocat au parlement de Besançon et député du Tiers-Etat du bailliage de la
même ville, mourut à Versailles entre les bras du chanoine

[1] *Mandement qui ordonne des prières pour les États Généraux.*
Besançon, 13 mai 1789, 3 pages in-4°.

Millot, son collègue, qui lui avait administré les derniers secours de la religion. C'était le premier représentant de la souveraineté nationale qui décédait, et l'Assemblée lui fit des funérailles royales. La ville de Besançon ne voulut pas rester en arrière et rendit des honneurs extraordinaires à son député. Le 28 juillet, un service funèbre très solennel, accompagné de chœurs et de symphonies, fut célébré à la métropole.

L'archevêque voulut y officier pontificalement lui-même, avec les ornements violets, réservés au deuil des rois. Un religieux bénédictin prononça l'oraison funèbre, et la municipalité fut si satisfaite de tout le clergé qu'elle nomma sur-le-champ deux commissaires pour aller remercier l'archevêque, le haut-doyen, le chapitre et le prédicateur qui avaient rivalisé de zèle et d'empressement[1].

XII. — Le 22 novembre, M. de Durfort, appelé à bénir dans sa métropole le drapeau de la garde-nationale de Besançon nouvellement instituée, prononça le beau discours suivant : « Messieurs, dans tous les temps, l'Eglise s'est fait un devoir d'ouvrir ses temples aux drapeaux des princes chrétiens et de bénir, mais en gémissant et en formant des vœux pour la paix, ces signes déplorables de la guerre. Pieuse cérémonie ! Elle nous montre dans le Tout-Puissant l'arbitre des combats ; elle rappelle à des citoyens généreux, toujours prêts à mourir pour la patrie, le souvenir de leur immortalité et, loin d'éteindre leur valeur, elle l'enflamme, la sacre et en fait de vrais héros. Mais, en ce jour, Messieurs, où la cérémonie qui nous rassemble, non moins imposante que celle dont nous venons de retracer l'objet, remplit d'une manière si édifiante les vues de notre sainte religion, c'est avec une satis-

---

[1] Sauzay ; *Hist. de la persécution révolutionnaire*, tom. I, pag. 131.

faction bien douce que nous prêtons notre ministère aux motifs qui vous animent. Non, Messieurs, vous n'aspirez pas à porter dans les camps ennemis l'effroi, le ravage et la mort ; vous marchez sous des étendards de paix, et lorsque vous venez en faire hommage au Seigneur, nous n'avons à répandre que des larmes de reconnaissance et de joie sur le spectacle touchant de votre patriotisme et de votre piété. Qui ne sent pas l'utilité de vos fonctions, le prix de vos fatigues, la grandeur de vos sacrifices ? Et lorsque vous veillez sur notre repos et que, au dépend du vôtre, nous jouissons de la tranquillité publique, un patriotisme si pur et dont la cité retire des avantages si précieux, pourrait-il avoir quelques détracteurs, et se trouverait-il des hommes assez injustes pour vous refuser ce tribut de leur reconnaissance ? Comptez, Messieurs, sur celle de tous les vrais citoyens ; c'est la plus flatteuse des récompenses pour des cœurs généreux, la seule qui puisse s'élever à la hauteur de vos sentiments et acquitter envers vous la dette sacrée d'une patrie à qui vous rendez de si importants services ».

XIII. — Veiller sur le repos des citoyens n'était pas le seul devoir de la garde nationale, elle devait encore porter son attention sur les biens du clergé, devenus biens de l'Etat. Le peuple ne se gênait plus pour tout saccager dans les forêts, dont il avait entendu dire qu'il était devenu le maître. Il est beau et touchant de voir, en cette circonstance, le clergé se porter lui-même au secours du gouvernement qui vient de le spolier, couvrir de sa protection les domaines mêmes qu'il vient de perdre, et M. de Durfort écrire, le jour de Noël, à ses curés, ces éloquentes paroles : « La dégradation des forêts n'est pas un mal passager, et vous savez que la Providence, si prompte dans la reproduction des récoltes, n'agit qu'avec lenteur pour la régénération et l'accroissement des bois. De quel crime ne se rendent donc pas coupables ces hommes qui, par des délits en ce genre, deviennent en même temps les fléaux de leurs frères et ceux de leur postérité ? Je vous exhorte, Messieurs, à faire usage de toute l'autorité que vous donne votre ministère pour raffermir dans les cœurs de vos paroissiens les principes d'ordre et d'équité que les malheurs des circonstances ont peut-être ébranlés... » [1].

XIV. — En prescrivant une nouvelle circonscription des paroisses, la constitution civile du clergé avait annoncé clairement le projet d'en diminuer le nombre. Le directoire du Doubs entra complétement et sans retard dans ces pensées, et, dès le 18 octobre, il invita l'archevêque à s'occuper immédiatement de la réduction des paroisses. Le Prélat reçut fort poliment, selon son usage, les députés qui lui avaient été envoyés. Il leur fit entendre qu'il désirait ajourner le nouvel arrangement des paroisses jusqu'à ce que le pape eût prononcé sur toutes les opérations de l'Assemblée nationale relatives au clergé. Et, comme les municipaux lui faisaient observer qu'on n'avait pas besoin du pape, il leur répondit que cette affaire devait être traitée avec la plus grande attention et qu'il leur demandait du temps pour y penser. Les envoyés le prièrent de donner sa réponse par écrit et lui déclarèrent que, dans tous les cas, ils reviendraient au bout de huit jours. Effectivement, huit jours après, ils revinrent à l'archevêché, avec un plan des nouvelles circonscriptions. « Vous connaissez mes principes, leur dit M. de Durfort ; j'examinerai ce plan ; donnez-moi le temps de le voir ». Mais le département décida qu'il n'y avait pas lieu de surseoir plus longtemps. Le 8 novembre,

[1] *Lettre du 11 décembre 1789.*

ce fut le district qui vint à son tour fatiguer le Prélat de ses obsessions. Pressé lui-même par le département de donner son avis, le district tenait encore un peu à le donner de concert avec le chef du diocèse, et il députa son président avec un autre de ses membres auprès du Pontife pour le déterminer à prendre un parti sur-le-champ. M. de Durfort répondit encore une fois que la matière était trop intéressante pour ne pas exiger quelque délai ; qu'il s'en occuperait cependant le plus promptement possible ; mais que, au surplus, cela ne paraissait pas aussi pressant qu'on le lui avait représenté, puisque la municipalité de Paris elle-même ne s'en était pas encore occupée [1]. Les commissaires du district, visiblement mécontents, se retirèrent en déclarant à M. de Durfort que le district formerait son avis et l'enverrait sans plus s'occuper du sien. En effet, quatre jours après, le district décida qu'il y avait lieu de réduire les huit grandes églises de Besançon à quatre. Le département, appelé le 12 novembre à se prononcer sur la même question, prit un arrêté qui fut envoyé à l'Assemblée nationale (et transformé en décret le 25 avril. 1791). Telle était l'ardeur du Directoire du Doubs que, sans attendre l'envoi officiel de ce décret, il adressa, le 9 décembre, une circulaire à tous les districts de son ressort pour les presser de l'exécuter, avant même que le décret fût légalement promulgué chez eux [2].

XV.—En définitive, trois paroisses sur huit furent supprimées à Besançon et une multitude d'autres dans le diocèse ; elles mirent l'Etat en possession de valeurs importantes, de même que la suppression des chapitres. Celui de la métropole avait pris, à l'unanimité de tous les membres présents,

[1] SAUZAY, tom. I, pag 227.
[2] *Id., ibid.*, pag. 228.

F. S.

une délibération contre la constitution civile du clergé. Il protesta contre l'inventaire qu'on voulait dresser de ses biens et de ses papiers. On en demanda les états à l'Archevêque. Celui-ci opposa le refus le plus formel. En l'apprenant, le Conseil général du département chargea son directoire de procéder à l'exécution du décret et de nommer des commissaires pour dresser l'état des ornements et de tous les objets mobiliers nécessaires au service de la paroisse épiscopale, et d'apposer les scellés sur tout le reste. Les commissaires s'adressèrent à un chanoine préposé à la conservation du trésor et de la basilique, le priant de se trouver à cet effet, le lendemain 17 novembre, dans l'église avec ses collègues chargés du même soin. M. d'Orval, auquel les commissaires s'étaient tout d'abord adressés, ayant donné connaissance au chapitre de l'invitation qu'on lui avait faite, le chapitre décida qu'il se réunirait tout entier pour recevoir les commissaires. En effet, lorsque ceux-ci se présentèrent le lendemain dans l'église, tous les chanoines revêtus de leurs ornements canoniaux, étaient rangés, immobiles, dans leurs stalles, avec la gravité du sénat romain au moment de périr. Le chanoine d'Orval alla à la rencontre des membres du département et les prévint que le chapitre assemblé les attendait au chœur. Mais les commissaires connaissaient aussi leur histoire ancienne : une scène de grand style n'était pas de leur goût ; ils refusèrent donc de se rendre en présence du chapitre et gagnèrent la sacristie, en réclamant l'unique présence des deux ou trois chanoines dont ils avaient besoin. Les chanoines se rendirent tous à la sacristie, protestèrent contre ce qu'on voulait, mais déclarèrent qu'ils ne résisteraient pas à la force [1].

[1] SAUZAY ; tom. I, pag. 229.

XVI. — Vers la fin du mois d'août, une insurrection militaire avait éclaté dans la ville de Nancy et coûté la vie à une foule de gardes nationaux, accourus pour la défense de l'ordre. Un louable sentiment de confraternité inspira à la garde nationale de Besançon d'honorer par un service solennel la mémoire des victimes, et le chapitre métropolitain, à qui elle en fit la demande, l'accueillit avec un patriotique empressement. L'archevêque, le clergé, les communautés religieuses, invités à cette cérémonie, qui eut lieu le 17 septembre 1790, se firent un devoir d'y assister, et M. de Rans officia pontificalement [1].

XVII. — A la suite de désordres sanglants, survenus à Besançon à propos de la rareté des grains, et dans la crainte de nouveaux troubles, le conseil de la commune fit prier M. de Durfort de s'abstenir de montrer au peuple une relique de la passion (le Saint-Suaire) [2] et de donner ses ordres assez tôt pour que l'annonce de cette suppression fût faite assez à l'avance dans les différentes parties du diocèse (29 mars 1790). En sollicitant cette mesure, la municipalité priait encore l'Archevêque de prescrire à ses curés de publier plus exactement qu'ils ne le faisaient, à la messe du prône, les décrets de l'Assemblée nationale. Cette dernière recommandation était d'autant plus urgente que, les décrets et proclamations de l'Assemblée prenant un caractère de plus en plus malveillant pour l'Eglise, le clergé devait éprouver une légitime répugnance à s'en faire le propagateur attitré [3].

[1] SAUZAY ; tom. I, pag. 215.
[2] Le Saint-Suaire était le linge précieux où, suivant une ancienne tradition, le corps de Jésus-Christ avait été enveloppé lors de sa mise au tombeau. Cette relique, renfermée dans un coffre de vermeil ciselé, en était tirée aux fêtes de Pâques et de l'Ascension, pour être montrée aux fidèles ; cérémonie qui attirait toutes les années un grand concours de peuple.
[3] SAUZAY ; tom. I, pag. 149.

XVIII. — Cependant les fêtes conservées par M. de Durfort ne suffisaient pas à la ferveur de la municipalité, et, le jour même où elle prenait une délibération contre le chapitre métropolitain, elle rendait un arrêté très onctueux pour solliciter de l'Archevêque le rétablissement de la fête des saints Ferréol et Farjeux.

« Considérant, disait-elle, que les saints Ferréol et Farjeux ont les premiers annoncé la foi à Besançon, où ils l'ont cimentée par l'effusion de leur sang ; que cette cité ancienne est dépositaire de leurs précieuses reliques ; que toujours ils ont été honorés comme ses patrons et ses protecteurs ; que depuis l'époque reculée de leur mission, elle s'est toujours maintenue dans la profession pure et inaltérable de la religion catholique, apostolique et romaine, sans aucun mélange d'aucune secte quelconque ; considérant encore qu'il est de la reconnaissance publique de célébrer la fête de ces glorieux patrons, le jour même qu'elle survient, avec la pompe et la solennité qu'elle mérite ; le Conseil général a délibéré de solliciter avec instance, auprès de Mgr l'Archevêque, le rétablissement de cette fête, pour être célébrée et chômée le 16 juin de chaque année, dans cette cité et sur son territoire, à commencer même au 16 juin prochain... [1] »

M. de Durfort s'empressa de déférer au vœu de la commune avec sa complaisance ordinaire, mais en invitant les municipaux à donner les ordres nécessaires pour que cette fête fût célébrée décemment et ne donnât lieu à aucun désordre. Le 8 juin, il publia le Mandement suivant, où sa bienveillance inaltérable s'allie à de mélancoliques pressentiments de plus en plus marqués : « Sur les représentations qui nous furent faites, il y a quatre ans, nous crûmes devoir supprimer un certain nombre de fêtes. Elles enle-

[1] Sauzay, tom. I, pag. 163.

vaient au travail des jours précieux, et l'objet de leur institution n'était plus suffisamment rempli. On voyait la perte temporelle, et l'on s'en plaignait hautement, tandis que les avantages spirituels avaient presque disparu. Ces fêtes, trop multipliées et devenues plus qu'inutiles, puisque on en abusait, appelaient donc instamment leur suppression. Mais aujourd'hui, le Conseil général de la commune demande de replacer à son jour propre la fête de nos saints martyrs. Empressé de seconder la marche religieuse des membres qui le composent, voyant les interprètes de vos sentiments dans les respectables dispositaires de votre confiance, et persuadé que la loi qui a revêtu de son sceau notre premier règlement, reconnaîtra la sagesse de notre condescendance et en consacrera les nouvelles dispositions. C'est avec la joie la plus vive que nous accédons à leurs vœux... Dans ces moments si dangereux où la violence des tentations et la séduction des mauvais exemples pourraient refroidir votre charité et faire languir votre foi, venez aux pieds des saintes reliques de vos patrons, demander les secours qui vous seront nécessaires pour rendre le calme à votre âme agitée, pour vous affermir dans l'amour des vertus dont ils furent de si beaux modèles. Ah ! suppliez-les, avec toute l'effusion d'un cœur pénétré du respect le plus profond pour la religion catholique, apostolique et romaine ; suppliez-les de nous obtenir pour jamais la conservation d'un trésor si précieux, d'une religion, la plus ferme base, quoi qu'on fasse, des empires les plus florissants et la source unique du bonheur que nous pouvons goûter sur la terre ».

Deux jours après, le Conseil général de la commune, faisant droit aux observations de M. de Durfort et prenant son style le plus apostolique, disait aux habitants, dans une proclamation aussi pieuse que sévère : « Le rétablissement de la fête des saints Ferréol et Farjeux, patrons de cette cité, impose aux citoyens l'obligation sacrée de célébrer cette fête avec la plus grande décence, de la sanctifier par des œuvres pieuses, et de ne point la passer en jeux, en danses, en divertissements et en occupations frivoles, qui ne peuvent que distraire les fidèles de ce qu'ils doivent à Dieu, à la religion, à de si glorieux patrons et au prochain par le bon exemple. Nous ne doutons pas que nos citoyens ne soient animés de ces sentiments et qu'ils ne concourent à l'envi à rendre cette fête des plus solennelles ; néanmoins, pour y pourvoir, de notre autorité, ouï M. Billot, procureur de la commune, dans ses conclusions, nous avons statué ce qui suit : Dorénavant, le 16 juin de chaque année, la fête des saints Ferréol et Farjeux sera chômée dans cette cité, sans que l'on puisse vaquer à aucune œuvre servile. Les marchés, ateliers, chantiers, boutiques, cafés, boucheries, seront exactement fermés, sous peine de cent livres d'amende. Sous la même peine, faisons défense de donner des danses publiques ou particulières. Seront pareillement fermés tous spectacles, jeux de quilles, de billards et autres. Faisons défense aux cabaretiers, traiteurs ou aubergistes, de donner à boire et à manger durant les offices divins [1] ».

Ce redoublement de piété de la part des magistrats, joint à la conduite de l'Assemblée nationale, n'étaient-ils pas de nature à égarer la bonne foi du peuple, à trahir ses sentiments et à lui enlever sa religion, sans qu'il s'en aperçût ?

XIX. — Comme à l'Assemblée nationale on délibérait sur les moyens de pourvoir au remplacement des impôts, qu'on ne payait plus, un membre parla de 140 millions

---

[1] SAUZAY, tom. I, pag. 164.

d'argenterie des églises, luxe inutile pour honorer le Créateur On s'attendait à voir le clergé protester avec indignation contre ces paroles, lorsque l'archevêque de Paris, prenant conseil des collègues qui l'entouraient, se leva pour déclarer que, fidèle aux usages de l'Eglise dans les calamités publiques, le clergé faisait sans hésitation l'offre de toute l'argenterie qui ne serait pas nécessaire à la décence du culte divin, et proposa de faire faire ce dépouillement de concert entre le clergé et les officiers municipaux. Cette offre fut aussitôt convertie en décret (20 septembre 1789).

L'archevêque de Besançon s'empressa de s'associer à cette mesure, tout en prévoyant combien elle allait blesser la piété des populations franc-comtoises. Il adressa un Mandement à tous ses curés, avec ordre d'en donner lecture à la messe du prône : « L'extrême rareté du numéraire, disait-il, dont les maux du royaume épuisent la source, met les finances dans de nouvelles entraves. L'Etat éprouve les plus grandes difficultés à remplir ses engagements et à satisfaire aux dépenses les plus urgentes.... Déjà le Roi a fait porter à la monnaie une partie considérable de sa vaisselle, sacrifice imité par les princes, par les ministres, par un grand nombre de particuliers, sacrifice digne de tous nos éloges, et que le patriotisme multipliera sans doute.

« Quant à l'argenterie des églises, dépôt sacré confié aux ministres de la religion par la piété de nos pères, les bienfaiteurs des autels ayant eu principalement en vue de ranimer la dévotion des fidèles par l'éclat du culte divin, vous avez tous le plus grand intérêt à la conservation de leurs pieuses libéralités. Mais, dans la nécessité où vous êtes aujourd'hui de voir une distraction de tout ce qui pourrait paraître superflu, nous avons dû vous instruire de l'emploi qui en sera fait, conformément au décret de l'Assemblée nationale et aux intentions de Sa Majesté.

» Vous le savez, ce qui doit nous inspirer pour nos églises le respect le plus profond, c'est la majesté du Dieu qui y réside, ce sont les mystères divins qui s'y opèrent, les moyens de salut qui nous y sont offerts; d'où vous devez conclure avec nous, et puissiez-vous ne jamais l'oublier, que, si pour aider la faiblesse humaine, nos autels ont besoin de décorations et nos cérémonies saintes d'appareil, vos vertus en doivent faire constamment la gloire et en être les plus précieux ornements. Allez donc, nos très chers frères, verser dans le sein de la patrie les secours qn'elle vous demande et que ses besoins sollicitent. Mais déplorez des malheurs qui s'étendent jusque sur le sanctuaire; mais conjurez le Ciel, qui nous afflige si amèrement, de jeter enfin sur cet empire un regard de clémence; mais suppléez, par une assiduité plus grande, une foi plus vive, une piété plus fervente, aux saintes dépouilles de nos temples [1] ».

Ces mesures étaient insuffisantes, on dut y ajouter la contribution du quart des revenus. M. de Durfort, prêchant d'exemple, comme en toute occasion, s'imposa lui-même de 20,000 livres, près du double de ce qui était demandé au dévouement [2].

---

[1] *Mandement du 14 octobre 1789*. Besançon, in-4º.
[2] SAUZAY, tom. I, pag. 137.

CHAPITRE VIII.

I. — La prestation du serment, ordonnée par l'Assemblée nationale, devait avoir lieu à Besançon le dimanche 23 janvier 1791. Le clergé de cette ville était bien disposé à s'y soumettre, mais à condition qu'une clause en excepterait ce qui tient à l'ordre spirituel. Le District et le Département refusèrent d'accepter cette proposition et décidèrent que tout fonctionnaire ecclésiastique refusant le serment pur et simple serait réputé démissionnaire et devrait cesser immédiatement ses fonctions [1].

M. de Durfort écrivit à ce sujet la lettre suivante au président du département, qui n'était autre que le chanoine Seguin, déjà connu du lecteur:

« Monsieur le Président, j'ai reçu et lu l'adresse du directoire du département aux municipalités, que vous avez

---

[1] SAUZAY ; *Htst. de la Persécution révolutionnaire*, tom. I, pag. 312.

eu la bonté de m'envoyer, et par laquelle il est dit qu'il est de leur devoir de ne recevoir aucun serment que dans les formes et les termes prescrits par les décrets, sans permettre qu'on y ajoute ni condition ni restriction. Ma conscience me fait un devoir, également impérieux, de ne point émettre de serment qu'autant qu'il me serait permis d'en excepter d'une manière formelle les objets qui dépendent essentiellement de l'autorité spirituelle. J'avais espéré, Monsieur le Président, que le courrier de Paris nous aurait annoncé, ce matin, l'arrivée d'une réponse du chef de l'Eglise, après laquelle soupire l'Eglise gallicane, pour pouvoir lever tous les doutes qui ont empêché jusqu'à ce moment les évêques de France de concourir à l'exécution de la constitution prétendue civile du clergé.

» Frustré de cette douce espérance, je ne puis assez vous témoigner mes vifs regrets de me trouver dans l'impuissance de prendre sur moi toutes les suites qui pourraient résulter de l'émission d'un serment en matière qui intéresse l'autorité de juridiction spirituelle de notre Saint-Père le Pape sur toute l'Eglise, avant d'avoir reçu sa réponse, déjà provoquée par le Roi, à la sollicitation des évêques députés à l'Assemblée nationale. J'ai été des premiers à émettre le serment civique que l'Assemblée avait exigé de tout bon citoyen, et je me flatte, Monsieur le Président, que vous ne l'ignorez pas. Je me fais un devoir, en ce moment, de le renouveler dans votre sein, en vous protestant de veiller avec soin sur les fidèles dont la conduite m'a été ou me sera confiée par l'Eglise, d'être fidèle à la nation, à la loi et au roi, et de maintenir de tout mon pouvoir, en tout ce qui est de l'ordre politique, la constitution décrétée par l'Assemblée Nationale et acceptée par le Roi. Je suis navré, Monsieur le Président, de ne pouvoir pas me rendre à vos vœux, mais je n'en compte pas moins sur vos bontés et sur votre estime. Et c'est dans cette flatteuse confiance que j'ose vous prier de vouloir bien prévenir vous-même MM. les Officiers municipaux de cette ville, ainsi que MM. les Représentants de la commune, qui seront chargés d'assister à la cérémonie indiquée pour demain, des raisons impérieuses pour ma conscience, qui m'empêchent d'y paraître moi-même. J'ai l'honneur d'être, avec un respectueux attachement, Monsieur le Président, votre très-humble et très-obéissant serviteur.

» ✝ R., *Archevêque de Besançon* [1] ».

Sur les 72 ecclésiastiques de la ville et de la banlieue de Besançon, astreints au serment, il ne s'en présenta que 8 pour remplir cette formalité ; 9 autres prêtres, que la loi ne concernait pas, voulurent témoigner publiquement leur adhésion à la constitution du clergé et prêtèrent le serment, sans y être appelés. De ce nombre fut l'ex-chanoine Seguin, président du département [2].

II. — Dès le 26 janvier, le maire de Besançon s'empressa de dénoncer au procureur général l'archevêque, les vicaires généraux, les directeurs du séminaire et les professeurs du collège pour n'avoir pas prêté serment Il fut décidé que le séminaire serait fermé et que les professeurs du collège seraient remplacés par des prêtres assermentés, ou même par des laïques. Informés par le département, de la marche toute expéditive qu'on venait de donner à l'exécution de la loi, les députés du Doubs écrivirent au président Seguin que ce n'était pas le moyen de faire aimer la Constitution ; que, du reste, on avait tenu en cette affaire une conduite toute différente de celle qui était

---

[1] *Lettre au Président du Conseil général du Doubs, du 22 janv. 1791.*
[2] SAUZAY, tom. I, pag. 315.

tracée par l'*Instruction de l'Assemblée nationale*, en date du 21 janvier. Cette dépêche, reçue le 27 du même mois, mit le Département dans la nécessité de désavouer les mesures acerbes qu'il avait prises si brusquement, et, sur-le-champ, il envoya des commissaires prévenir M. de Durfort, les directeurs du séminaire et les professeurs du collège, qu'ils pouvaient reprendre l'exercice de leurs fonctions. Ces nouvelles dispositions n'ayant pu modifier en rien les sentiments du Prélat à l'égard du serment, le Directoire écrivit aux deux autres Départements franc-comtois (la *Haute Saône* et le *Jura*), pour leur faire part de sa résolution définitive de procéder à l'élection d'un nouvel évêque. Il s'adressa en même temps aux députés du Doubs, et les consulta sur les mesures à prendre après cette élection, pour parvenir à faire sacrer et instituer celui qui serait élu. De son côté et sans perdre de temps, le procureur général écrivit aux procureurs syndics de tous les Districts pour les informer que, le métropolitain de Besançon s'étant formellement refusé à émettre son serment, on allait convoquer les électeurs à l'effet de procéder à l'élection d'un nouvel évêque, le 13 février, dans l'église métropolitaine [1].

III.—Le Département n'eut pas un seul instant d'hésitation sur le choix de l'ecclésiastique à proposer. L'ex-chanoine Seguin, président du Doubs, était le membre le plus considérable du clergé qui se fût abandonné tout entier à la Révolution. C'était un prêtre d'une vertu inattaquée et jusqu'alors en possession de l'estime du clergé et des laïques pieux. Bientôt informé des vues qu'on avait sur lui, il en fut d'abord tout bouleversé ; il lui était dur de supplanter M. de Durfort, avec lequel il n'avait cessé d'avoir de bons

[1] Sauzay; tom. I, pag. 320.

rapports. Depuis que ce Prélat avait refusé le serment, le président du département entretenait avec lui une correspondance presque journalière. Il lui faisait passer tous les écrits publiés en faveur du serment ou de la constitution du clergé, aussitôt que le courrier les apportait à Besançon ; et, de son côté, M. de Durfort lui transmettait les ouvrages en sens contraire qui lui étaient adressés de Paris. Ces échanges étaient toujours accompagnés de billets également respectueux et bienveillants, sans aigreur ni dureté, de peur de briser dans cette pauvre âme le roseau à demi-rompu et d'éteindre la mèche qui fumait encore. Le schisme se consomme, et l'ex-chanoine, longtemps incertain, essaie, dans le trouble de son cœur honnête mais surpris, de faire valoir la pureté de ses intentions. M. de Durfort lui rappelle la conduite irréprochable qu'il a tenue jusque-là, et le vœu le plus ardent de son cœur est de lui conserver pour la vie toute son estime et tout son attachement [1].

IV. — Le 7 février, M. Seguin, qui dans la sincérité de sa passion révolutionnaire aurait certainement préféré gagner à sa cause M. de Durfort que de gagner lui-même le plus beau siège épiscopal, avait fait un nouvel appel à l'archevêque pour le déterminer à revenir sur son refus. Peine perdue ; M. de Durfort ne voulut rien entendre, et l'ex-chanoine fut nommé évêque du département du Doubs et métropolitain de l'Est, à la seconde journée du scrutin, c'est-à-dire le 14 et proclamé le lendemain [2]. Mais celui-ci, aussi désolé et effrayé d'accepter que de refuser, conçut encore une fois l'espoir d'échapper à cette impérieuse et cruelle alternative, en décidant M. de Durfort à l'y sous-

[1] *Lettre au Président du Conseil du Doubs.*
[2] SAUZAY, tom. 1, pag. 372.

traire par sa prestation de serment. Il lui écrivit donc, le 23 février : « L'amour du bien public, que je savais être dans votre cœur comme il était dans le mien, m'avait seul inspiré les humbles représentations que je pris la liberté de vous adresser avant mon départ de Besançon. Je m'étais flatté de quelque succès, mais le moment malheureux est venu où j'ai vu tous mes vœux, toutes mes espérances frustrées. Digne Prélat, votre amour pour un peuple qui vous chérissait ne souffre-t il pas de votre refus ?... Pardonnez à ma douleur profonde et inexprimable, si une telle demande peut vous paraître un reproche. Non ; je ne m'oublierai jamais à votre égard au point de vous supposer des torts. Mais ne me serait-il plus permis d'interroger, d'intéresser votre cœur ? vous en aviez fait l'asile des malheureux ; pourrais-je croire que, dans ma position cruelle, il doit être fermé pour moi ? O pasteur chéri et qui méritez tant de l'être, s'il était possible encore que vous ne fussiez pas perdu pour nous ? Ah ! que je ne sois rien et que vous soyez toujours tout pour vos ouailles !... Je ne sais si l'intérêt que je me sens pour elles, si l'amour du bien me fait illusion ; mais je crois la chose possible encore. Annoncez un regret ; faites connaître que votre délicatesse pour le serment cède enfin au bien, au grand bien que vous voyez présentement à ce qu'un père n'abandonne pas ses enfants, dans un temps surtout où il leur est plus nécessaire que jamais. Je croirai facile alors de faire accepter ma démission ; et les électeurs rassemblés, j'ai eu espoir, ne voudront plus que vous et le manifesteront par la réunion de leurs suffrages ».

V. — M. de Durfort lui répondit trois jours après :

« Monsieur le Président,

» Je rends justice à la droiture de vos intentions et je me plais à voir, dans l'expression de vos sentiments, une

preuve de votre amour pour le bien et de votre zèle pour
les intérêts des peuples confiés à mes soins ; mais vous me
demandez une chose impossible. Si j'ai dû, comme je le
crois, refuser ce serment, comment pourrais-je annoncer
un regret de ce refus ? Ce serait mentir à ma conscience,
la désavouer et préférer le tourment du crime aux douces
consolations du devoir. Plusieurs fois, je l'ai offert, ce
serment, avec les restrictions présentées par les évêques
députés à l'Assemblée nationale, et je suis prêt à l'offrir
encore aux mêmes conditions, à l'exemple de la presque
unanimité de mes collègues dans l'épiscopat. Si la constitution civile du clergé obtient la sanction du chef de
l'Eglise, les restrictions tomberont d'elles-mêmes, et mon
serment deviendra pur et simple ; mais si elle ne l'obtient
pas, j'aurai pris une précaution, dont, sans doute, vous
approuverez comme moi la sagesse. Vous n'ignorez pas,
Monsieur, que ces restrictions n'ont point été admises, et
cependant vous me pressez, au nom du bien public, de
proposer mon serment, dont vous croyez encore possible la
prestation. Mais est-il permis d'agir contre sa conscience,
pour prévenir un mal ou pour opérer un bien ? Dieu nous
jugera, Monsieur ; malheur à ceux qui auront affligé
l'Eglise ! Vous prétendez que je vais perdre un peuple qui
me chérit. Non, Monsieur, je ne le perdrai pas ; l'Eglise
me l'a confié et ce n'est pas elle qui m'en sépare et j'en
serai toujours le pasteur. On peut réussir à l'aliéner de
moi, mais on ne parviendra jamais à l'arracher de mon
cœur. Je ne cesserai point de lui être uni par mon amour
comme par mes droits, et mes vœux pour son bonheur n'en
seront que plus ardents et plus multipliés.

» Enfin, vous me parlez de votre situation ; elle est
cruelle, dites-vous. Je le crois, Monsieur, et que n'aurais-je
pas à vous dire sur vos justes inquiétudes ? Mais, puisque

le Ciel vous parle, je me tais. Puisse-t-il achever son ouvrage et vous rendre cette paix de l'âme dont vous êtes si digne par vos vertus ! C'est dans cet espoir que je suis, avec une estime distinguée et un sincère et respectueux attachement, etc » [1].

VI. — Forcé de renoncer à l'espoir de convertir M. de Durfort à la constitution civile du clergé, l'ex-chanoine Seguin, se trouvant pressé entre les deux extrémités qu'il redoutait, accepta la place de M. de Durfort. Il crut atténuer l'odieux d'une telle détermination en lui en faisant l'aveu, et il lui écrivit le 14 mars :

« Intimément persuadé que je n'étais ni digne ni capable de remplir les fonctions importantes de l'épiscopat, je ne crus pas devoir, lorsque je fus instruit de mon élection, me rendre aux vœux des électeurs. Je leur adressai en conséquence et sans retard ma démission, dont je fis l'envoi à leur président. Quelques jours après, les députés de l'assemblée étant venus me trouver dans le lieu de ma retraite me représentèrent que ce serait en vain que, par ma démission, je voudrais mettre les électeurs dans le cas de se rassembler de nouveau ; qu'une seconde élection ne ferait que confirmer la première. Que les électeurs eux-mêmes, avant de se séparer, s'en étaient ainsi expliqués, et ils me pressèrent, en conséquence, de ne pas persister dans ma démission. Dans cette position nouvelle et si pénible, je cherchai à connaître mon devoir ; mais je me trouvai alors trop peu à moi-même pour pouvoir y réussir ; je priai qu'on m'accordât quelques jours ; ils me furent accordés, et c'est pendant ce temps de mes cruelles réflexions que je crus devoir à vous, Monsieur l'Archevêque, et à la chose publique, de tenter auprès de votre zèle

---

[1] Sauzay, tom. I, pag. 390.

une nouvelle et dernière démarche. Mais, hélas ! quel a été le succès de cette tentative ? M'eussiez-vous donné une réponse aussi affligeante si, comme je l'avais tant désiré et demandé si vivement à Dieu, vous n'eussiez consulté que vos seules lumières et votre cœur ! Ah ! que le repentir et le remords ne tourmentent, n'affligent jamais que ceux-là seuls qui vous ont trompé, et qui, en vous trompant, causent tous nos malheurs ! Par votre réponse, quel devoir rigoureux vous m'avez imposé ! Si, du moins, en succédant au plus vertueux des pasteurs, je pouvais, par l'imitation de ses vertus, justifier la confiance dont on m'honore ! Si, au prix de ma tranquillité et de ma vie tout entière, j'étais assez heureux pour contribuer au bonheur des âmes qui me seront confiées ; en un mot, si par tous mes efforts, je pouvais me rendre digne de votre propre estime..., oui, du moins, en vous perdant, j'éprouverais une consolation. Mais oserais-je me flatter de cet espoir ? Je ne dois former, je le sens, d'autre désir, d'autre vœu que de faire la volonté de Dieu. Puisse-t-il trouver sa gloire dans le sacrifice qu'il me demande. Puisse le peuple qui m'appelle à le conduire dans la voie du salut, ne pas éprouver un jour des regrets de la confiance qu'il me donne ? J'ai fait part au président de l'assemblée électorale de ces dernières dispositions, dont la religion et également ce que je dois à mes concitoyens m'ont paru me faire un devoir. J'ai dû vous en faire part à vous-même, Monsieur l'Archevêque. Puissé-je vous savoir persuadé de la pureté de mes intentions et conserver une part dans votre estime et dans vos bontés ».

VII.—L'Archevêque lui répondit le 21 mars : «Monsieur le Président, Vous vous êtes rendu au vœu des électeurs. et c'est vous qui me l'apprenez. Vous ne pouviez pas m'annoncer une nouvelle plus affligeante. Mon cœur en est navré, et ce qui redouble mon étonnement, ce qui met le comble à ma douleur, c'est que la religion et la patrie, dites-vous, vous ont fait un devoir de cette acceptation. Je gémis d'un aveuglement si déplorable. Vos motifs ont été pareillement les miens. Comment ont-ils pu nous diriger en sens si contraire et nous donner des résultats si opposés ? Il faut donc, nécessairement, qu'un de nous deux soit dans l'erreur. Mais, Monsieur, serait il possible que je me trompasse avec la presque unanimité de mes collègues dans l'épiscopat, avec la grande pluralité des pasteurs du second ordre, avec les facultés de théologie les plus éclairées, soit de la capitale, soit des provinces, avec presque tous les directeurs de séminaire, gens de bien, très-instruits, enfin, selon toutes les apparences, avec le Souverain Pontife lui-même ; car la manière dont il s'est déjà exprimé dans plusieurs brefs, sur la prétendue constitution civile du clergé, loin d'être favorable à cette constitution, nous annonce une décision qui justifiera pleinement la résistance des évêques. Pourriez-vous, Monsieur, citer en votre faveur des autorités qui approchent de celles dont s'appuie le corps épiscopal ? Et observez, je vous prie, que les adversaires du serment n'ont en perspective que des persécutions, tandis que ses partisans sont récompensés tous les jours de leur fatale complaisance. Cependant, vous croyez voir la volonté de Dieu dans votre élection et dans les sollicitations pressantes qui vous ont été faites pour y déférer ; mais prenez garde de tomber dans une illusion dont les suites seraient si funestes ! Croyez-moi, Monsieur, l'unique moyen de connaître ici la volonté de Dieu, c'est d'attendre le jugement du chef de l'Eglise réuni aux évêques, et de se soumettre à ce qu'ils prononceront. En conséquence de ces principes, ni moi ni la saine partie de mon clergé ne reconnaîtrons jamais en vous un pasteur légitime. Non, mon siège n'est pas vacant ; il ne peut l'être que par ma mort, ou par ma démission réelle et non supposée, ou par un jugement de l'Eglise, à qui seule il appartient de mettre des bornes à l'étendue et à la durée des pouvoirs qu'elle m'a donnés. Je n'ajouterai plus qu'un mot. Si des usurpations de siège semblables à celles que vous m'annoncez ne sont pas un schisme, j'ose assurer qu'il n'y en eut jamais dans l'Eglise[1] ».

VIII. — Cette lettre terminée, l'Archevêque retrempe sa plume dans l'encre et, sans perdre une minute, en écrit une seconde. Celle-ci est adressée au premier magistrat du canton de Fribourg, en Suisse. Elle est une chaude recom·mandation en faveur des Trappistes de Mortagne. Forcés par les circonstances d'abandonner leur maison, ils cherchaient une terre hospitalière qui consentît à leur céder une retraite pour y pratiquer paisiblement leur règle. On leur indiqua le canton de Fribourg. Aussitôt, un de ces religieux, le Père Dom Augustin (Louis-Henri de Lestrange) se mit en route pour trouver un asile dans quelque désert, au milieu des rochers. Il vint trouver le généreux Archevêque de Besançon, lui fit part de l'objet de son voyage et de l'embarras extrême dans lequel se trouvaient les religieux, dispersés par la tempête révolutionnaire, ne possé·dant plus rien et n'ayant pas les moyens de se réunir de nouveau pour vivre en communauté. R. de Durfort se fit alors solliciteur auprès de l'avoyer de Fribourg, premier magistrat de ce canton, par la lettre suivante :

[1] SAUZAY, tom. I, pag. 394.

« *Raymond de Durfort, Archevêque de Besançon, à son Excellence Monseigneur l'Avoyer de Gady, Avoyer régnant de Fribourg* ».

» Besançon, 21 mars 1791, Fête de saint Benoît.

» Monseigneur,

» Les plus zélés religieux de la célèbre réforme de la Trappe qui, depuis plus d'un siècle, édifie la France, recourent à Votre Excellence et la supplient. Leur député aura l'honneur de vous remettre, Monseigneur, une requête dans laquelle ils exposent aux Illustres Membres de l'Etat de Fribourg, l'objet et les motifs de leur demande. Cette demande me paraît bien propre à toucher un cœur aussi vertueux que le vôtre, et je me joins avec confiance à ces dignes anachorètes pour solliciter Votre Excellence et la prier de se rendre favorable à leurs vœux et de les appuyer de son puissant crédit.

» Vous n'ignorez pas, Monseigneur, les maux qui affligent l'Eglise de France ; au milieu de mes peines, j'éprouverais une consolation bien douce, en pensant que les solitaires de la Trappe ont trouvé un asile dans ma province ecclé-siastique, et que le diocèse de mon premier suffragant con-serve à l'Eglise universelle une pépinière de saints et des modèles de vertu.

» Je saisis avec empressement cette occasion. d'assurer Votre Excellence des sentiments de respect avec lesquels j'ai l'honneur d'être

» Monseigneur,

» Votre très-humble et très-obéissant serviteur.

» † *R., Arch., de Besançon* [1]. »

[1] Copie de cette lettre, dont l'original est conservé aux Archives de Fribourg (*Documents-papier sur la France*), nous a été gracieusement communiquée par M. Frédéric Fabrège.

Ce que les Trappistes demandaient, c'était l'ancienne Chartreuse de la Val-Sainte[1]. Mais ce qu'ils n'avaient pas demandé à l'Archevêque, celui-ci le leur offrit avec la générosité de son grand cœur. Il voulut partager avec eux tout l'argent qui lui restait, afin de les aider à vivre, en attendant les premiers fruits de leurs travaux[2].

IX. — Quant à l'abbé Seguin, ne tenant aucun compte des observations de l'Archevêque, il demanda la consécration épiscopale à Gobel, évêque-intrus de la Seine, qui la lui donna dans l'église de Notre-Dame, de Paris, le 27 mars 1791, assisté, dans cet acte sacrilège, par Saurine, évêque constitutionnel des Landes et par Dubourg-Miroudot, évêque de Babylone *in partibus*. Ce dernier, sacré des mains mêmes de R. de Durfort, en 1776, montrait par là combien peu il était reconnaissant envers son bienfaiteur.

« L'Evêque métropolitain, l'élu du suffrage libre des citoyens du diocèse », avait annoncé son arrivée à Besançon pour le vendredi 29 avril, ou pour le lendemain au plus tard. La municipalité délibéra d'inviter M. de Durfort « ancien archevêque » à évacuer et rendre libre le palais épiscopal pour le mercredi 27, et de prier ce prélat d'en donner sa soumission par écrit dans les vingt-quatre heures. A cet effet, elle députa quatre de ses membres qui se rendirent en écharpe auprès de M. de Durfort[3]. La réponse qu'on avait sollicitée de lui fut pleine d'une majesté écrasante.

« Messieurs,

» Pour répondre à la délibération prise, le 21 de ce mois, par Messieurs les officiers municipaux, et qui me fut remise

---

[1] Elle leur fut cédée, mais à de dures conditions. Ils y arrivèrent le 1er juin 1791, sous la conduite du P. Augustin.

[2] SAUZAY, tom. II, pag. 275.

[3] Voir à nos *Pièces justificatives*, le N° XIV.

hier par quatre députés chargés de me la présenter, je
déclare : qu'ayant été pourvu par l'autorité de l'Eglise de
l'archevéché de Besançon, je ne puis en être dépouillé que
par une démission volontaire, que ma conscience ne me
permet pas de donner, ou par une déposition canonique,
qu'avec l'aide du Ciel je ne mériterai jamais. Il faut bien
cependant que je cède à la force, et jeudi prochain je ne
serai plus dans ce palais archiépiscopal. Je prie Dieu qu'il
répande ses bénédictions sur un diocèse qui sera toujours
cher à mon cœur et dont je ne cesserai d'être le premier
pasteur qu'au moment où je cesserai de vivre.

» Je suis avec respect, Messieurs, votre très humble et
très obéissant serviteur.

» † R., *Arch. de Besançon* [1] ».

La Révolution avait raison : elle venait de ressusciter les
âges héroïques de l'Eglise. En vérité, il n'était pas possible
de tomber avec plus de grandeur ni d'une manière plus
triomphante.

X. — Depuis longtemps, l'illustre Pontife préparait son
départ et prenait de sages mesures pour la conservation
de la foi dans le diocèse qu'il allait quitter. Déjà, le 11 avril,
il avait adopté un écrit que M. de La Luzerne, évêque de
Langres, venait de publier et dans lequel il traçait à ses
prêtres, avec autant de modération que de perspicacité, la
conduite qu'ils auraient à tenir dans des circonstances si
difficiles. « Nous déclarons, disait M. de Durfort, que
nous adoptons l'Instruction donnée par M. de La Luzerne,
évêque de Langres, en date du 15 mars, annexée à notre
présente déclaration et déjà adoptée par un grand nombre
de nos confrères dans l'épiscopat. Nous en rendons toutes

---

[1] Arch. municip. de Besançon, *Reg. des Délib.*, tom. III, f°° 68 et 69.

les dispositions communes à notre Diocèse, et nous la donnons comme règle à nos dignes coopérateurs dans le saint ministère et à tous les prêtres de notre Diocèse qui restent fidèles à notre autorité ».

XI. — Dans la crainte d'être privés pendant longtemps du ministère des évêques légitimes, une foule de pères de famille chrétiens avaient supplié l'autorité diocésaine de vouloir bien conférer le sacrement de confirmation à leurs jeunes enfants, afin d'assurer à leur faiblesse la force dont ils pourraient avoir besoin à l'approche de la persécution. Leurs pieuses instances avaient été exaucées. Le parti schismatique s'en émut comme d'un larcin fait à son évê-que, et, le 20 avril, la municipalité en fit l'objet d'une déli-bération ridicule, dans laquelle elle se plaignait à M. de Durfort de ce que son évêque auxiliaire, ou suffragant comme on disait alors, M. Franchet de Rans, faisait depuis quelques jours une administration abusive du sacrement de confirmation[1] à tous les enfants qui se présentaient, même à ceux qui étaient pour ainsi dire à la mamelle « contre l'usage consacré par un laps de temps immémorial et contre le texte même du catéchisme diocésain... Nous pensons, ajoutait la délibération, que rien n'est plus propre à discréditer l'esprit évangélique qui prodigue ainsi, et hors de saison, le plus saint des ministères... »

Gros-Jean, pour mieux en remontrer à son curé, n'avait

[1] Au moment où nous livrons ces pages à l'impression, nous appre-nons que Léon XIII vient d'envoyer une lettre *autographe* de félicita-tion à l'évêque de Marseille, Mgr Robert, qui depuis 1885 avait décidé d'admettre les enfants à la confirmation avant la première communion. Le Souverain Pontife loue vivement ce *retour à la pratique de l'Eglise* et demande que désormais, dans le diocèse de Marseille, cet ordre soit perpétuellement observé pour la confirmation et la première commu-nion. L'archevêque de Besançon n'était donc pas bien répréhensible dans sa conduite en face du danger.

pas imaginé de faire imprimer ses remontrances : la municipalité de Besançon publia sa délibération, au risque
de provoquer l'émeute qu'elle avait l'air de craindre.
Elle annonça, en effet, que si l'évêque de Rhosy continuait
à confirmer, elle ne répondait plus de rien, et laissait le
champ libre aux émeutiers. Sans s'émouvoir, M. de Durfort laissa son coadjuteur fortifier les jeunes athlètes contre
la persécution [1].

XII. — Quant à lui, forcé de sortir de Besançon, ce
n'est qu'à petites journées qu'il s'en éloigne. Les cloches
sont muettes sur son passage. Les églises ne se parent plus
pour le recevoir. Le vrai curé des paroisses qu'il traverse
vient encore baiser la main de celui qui n'a cessé d'être
le véritable évêque. Les fidèles accourent par centaines se
courber sous sa bénédiction émue et silencieuse. Le soir
venu, il visite les familles chrétiennes et y administre le
sacrement de confirmation aux jeunes enfants qu'on lui
présente. La municipalité prend ombrage de la conduite du
pasteur expulsé ; mais, lui, ne songe qu'à la conservation
de la foi. Il ne voit que les âmes ; il ne pleure que sur leur
perte. S'il y a quelques défections, que de traits de fidélité
de nature à consoler le cœur d'un père ! De tous les dignitaires de son église, pas un n'a trébuché dans la voie droite.
Ils avaient enseigné la doctrine avec une science profonde,
ils la confessent maintenant avec une admirable simplicité [2].

L'évêque-intrus se décide enfin à publier une première
« lettre pastorale » (1er juin). Il s'y déclare inconsolable de
la perte de M. de Durfort : « Pourquoi s'est-il dérobé aux
empressements de son troupeau, ce pasteur chéri qui
méritait à tant de titres notre vénération et nos hommages ?

[1] SAUZAY, tom. I, pag. 450.
[2] Id. ; *Hist. de la Perséc. révol.*

Ah ! je n'aurai pas du moins à me reprocher de n'avoir employé que de faibles efforts pour le déterminer à ne vous abandonner jamais. Ne jugeons pas ses motifs. Sans doute, il n'est pas entré dans son âme droite et vertueuse le coupable projet d'opposer un obstacle à l'affermissement de la liberté naissante... »

XIII. — Le généreux confesseur de la Foi s'arrête à Pontarlier, ville de son diocèse. Il s'y loge, avec son grand-vicaire de Chaffoy, dans une maison qui appartenait à celui-ci, et demeure plusieurs mois dans ce qu'il espérait devoir être pour lui une solitude calme et recueillie. Elle ne le fut guère cependant ; car il devint l'objet des méfiances administratives. Quelques membres du District opérèrent chez lui, au moment où il s'y attendait le moins, des perquisitions importunes. Le 10 mai, une estafette arrivait à Pontarlier, apportant au procureur-syndic du District une lettre du procureur général de Besançon, par laquelle on réclamait quatre registres de l'archevêché. Les registres, paraît-il, avaient été mis en lieu sûr, par un grand-vicaire demeuré dans la ville archiépiscopale [1].

D'autres misères lui furent suscitées à propos des ordres émanés de la cour de Rome. Il reçut à Pontarlier le bref que Pie VI adressait le 13 avril 1791 aux ordinaires et aux fidèles. Ce bref, dont une expédition officielle authentique lui avait été transmise par l'abbé de Salamon [2] inter-

[1] Sauzay, tom. I, pag. 465.

[2] Vers la fin de 1790, après le départ du nonce Dugnani, l'abbé Louis-Joseph-Siffrein de Salamon, né à Carpentras en 1760, docteur agrégé de l'Université d'Avignon, auditeur de la Rote de cette dernière ville, fut nommé par Pie VI internonce auprès de Louis XVI. C'est lui qui recevait les communications officielles du Saint-Siége. Il les faisait imprimer et les transmettait dans les formes canoniques aux métropolitains, chargés de les notifier à leurs suffragants. Il continua de remplir cette mission, même lorsque les lois de la République eurent prononcé la peine de

nonce du Pape, à Paris. Cette lettre pontificale portait suspense de leurs fonctions pour les ecclésiastiques assermentés qui, dans le délai de quarante jours, ne rétracteraient pas leur serment ; annulait la création des nouveaux sièges épiscopaux et les élections des pasteurs, faites ou à faire, et privait de toute juridiction les prêtres constitutionnels.

M. de Durfort ne se contenta pas d'adhérer à cet acte pontifical ; il voulut le publier et en donna le texte à une imprimerie de Pontarlier. Les administrateurs du district, informés du fait, se rendirent chez l'imprimeur, réclamèrent les planches déjà toutes prêtes et les brisèrent. Impuissant à donner au bref toute la publicité nécessaire, il n'eut d'autre moyen de le faire paraître que de le confier à un imprimeur de Neufchatel, avec le Mandement dont il était accompagné (13 mai 1791)[1].

Du reste, la position de l'archevêque n'était guère tenable à Pontarlier. En se mettant à l'écart et en vivant fort retiré dans cette ville, il avait espéré donner à l'orage le temps

mort contre ceux qui publieraient, imprimeraient ou colporteraient les Brefs et autres actes émanés de la Cour de Rome. Longtemps détenu dans les prisons de la capitale, il eut la douleur d'être témoin des massacres de l'Abbaye. Rendu enfin à la liberté, il reçut, de la Congrégation des Cardinaux (instituée pour suivre les affaires religieuses de la France), un décret qui lui donnait pour toute la France, avec le titre de *Vicaire apostolique*, les pouvoirs spirituels les plus étendus. A l'époque du Concordat, relevé de ses fonctions par le cardinal légat *à latere* Caprara, il fut envoyé en Normandie pour administrer la province entière, puis nommé évêque d'Orthosia *in partibus* (1804) et enfin évêque de Saint-Flour (1817). Il s'éteignit le 11 juin 1829, après un épiscopat fécond en fondations religieuses (Cf. *Mémoires inédits de l'Internonce à Paris pendant la Révolution, 1790-1801)*. — Mgr de SALAMON. — Paris, Plon, 1892. — Dr BARJAVEL, *Bio-bibliographie Vauclusienne*, V° SALAMON ; Carpentras, Devillario, 1841).

[1] Ce mandement, qui devait être le dernier, portait à trente-deux le nombre des Mandements, Lettres et Ordonnances épiscopales publiés par R. de Durfort pendant qu'il occupa le siège de Besançon. A nos *Pièces justificatives*, N° XV, nous en donnons la liste dressée par M. Jules Gauthier, archiviste du département du Doubs.

de se calmer ; mais bientôt cette petite ville lui refusa le peu qu'il demandait de paix et de tranquillité, car le directoire du district n'était pas le seul à le poursuivre. A quelques pas de son asile, un club ne cessait de vociférer et de le poursuivre de ses insultes. Il prétendait que le prélat dépossédé et les prêtres demeurés sous son obéissance avaient transporté le centre de leurs complots contre-révolutionnaires dans cette ville du département du Doubs, située sur la frontière, afin de diriger de là plus aisément le mouvement des émigrés et celui des mécontents de l'intérieur. Pour faire cesser ces imputations calomnieuses, M. de Durfort se vit encore forcé de s'éloigner. Alors, le deuil dans l'âme, il quitta cette France qu'il avait tant aimée, dont il avait suivi d'un œil si sympathique la grande transformation et alla chercher un refuge à Soleure (1er juin 1791), amenant avec lui ses deux grands vicaires MM. de Chaffoy et de Villefrancon [1].

XIV. — Précédé en Suisse par la renommée de ses bienfaits et de ses vertus, M. de Durfort y fut accueilli avec la plus haute distinction par le gouvernement, le clergé et la population de Soleure. L'Evêque de Lausanne s'empressa de venir consoler l'exil de son vénérable métropolitain, et lorsque le chapitre collégial apprit qu'il s'était réfugié au Blumenstein, maison de campagne, près la ville, il décida que trois de ses membres iraient souhaiter la bienvenue au prince-archevêque. Il décida en outre que les deux évêques et les chefs de l'Etat seraient invités à un grand banquet pour le mardi suivant. Les délégués du chapitre devaient également prier l'Archevêque de présider la procession de la Fête-Dieu. Le 7 juin, les prélats

[1] SAUZAY ; tom. I, pag. 516, et tom. II, pag. 275.

et les chefs de l'Etat se rendirent à l'invitation qui leur avait été faite. Le repas fut servi dans l'appartement du chapitre. Avant de se retirer, M. de Durfort retint tous les capitulaires à dîner pour le jour suivant.

XV. — Une fois ces devoirs accomplis, l'Archevêque commence une vie nouvelle ; vie de retraite, de recueillement et de prière. Il ne se repose pas cependant ; sa patrie lui a refusé le droit de prêcher la parole de Dieu, il se met à évangéliser le bon peuple suisse, en échange de l'hospitalité qu'il en reçoit et fait d'un humble monastère de la Visitation le principal objet de ses soins apostoliques. Mais on ne brise pas impunément tant de liens. Les désordres du schisme, les maux de la France, l'appréhension d'un avenir plus douloureux encore que le présent, les longues fatigues du ministère pastoral, un cœur sensible, un corps affaibli par une cruelle maladie, tout l'accable et le désole à la fin. Le dernier acte de sa vie fut un éloquent discours sur les douceurs de la mort du juste. L'impression qu'il produisit sur l'auditoire fut si profonde que, longtemps après, il était demeuré gravé dans leur mémoire. En crayonnant ce grand et magnifique tableau, M. de Durfort n'avait fait que produire à l'avance le spectacle qu'il allait sous peu donner lui-même aux anges et aux hommes. En effet, arrêté bientôt par les progrès de l'hydropisie qui le décomposait, et en proie à de cruelles douleurs, il ne lui fut plus possible que de prier et de souffrir. Le rude hiver de 1791 vint encore aggraver sa situation, car le froid se fait cruellement sentir dans le château de Blumenstein. Cette résidence où la famille d'un de ses frères lui donnait l'hospitalité, n'avait pas été construite pour être habitée durant la mauvaise saison. L'installation en était d'ailleurs fort défectueuse, et le pauvre exilé, logé dans une grande salle insuffisamment chauffée, se tenait devant la cheminée, enveloppé de couvertures. Sa patience admirable devint une dernière et touchante prédication. Bientôt la mort approche, le visage du moribond s'illumine de toutes les clartés d'une sainte agonie. Des nièces bien-aimées se désolent à la pensée de le perdre. Encore un soupir ; c'est une prière pour son diocèse ; encore un regard vers Dieu, c'est pour sa patrie. Il expire à l'âge de 67 ans, vers 5 heures du matin, le 19 mars 1792, fête de saint Joseph, entre les bras de ses fidèles compagnons. Il meurt en exil, pour la foi catholique, sans faiblesse et sans trouble ; mais il y meurt Archevêque de Besançon [1] !

XVI. — Ainsi finit cette grande et noble existence, bien plus grande encore par les vertus, les épreuves et les bienfaits que par les dignités et la naissance. Ainsi s'éteignit, au milieu de toutes les douleurs de l'exil et de la proscription, cette âme si éminemment bonne et pacifique, qui, dans les circonstances les plus difficiles peut-être qui se soient jamais rencontrées dans l'histoire, offrit le rare et sublime spectacle d'un jugement parfait, triomphant à la fois de tous les préjugés du passé et de toutes les erreurs du présent, et d'un cœur resté, au milieu du conflit de toutes les passions déchaînées, inaccessible à toute autre passion que celle du bien. M. de Durfort avait donné à la révolution démocratique tous les gages possibles. Il avait même juré spontanément de défendre de tout son pouvoir ces fameux principes de 89, où la liberté et l'égalité indéfinies venaient d'être proclamées. Il avait prodigué son concours aux premiers travaux de l'Assemblée Constituante, les derniers honneurs à ses membres défunts, les

[1] Cf. JAGER ; *Hist. de l'Egl. cath. en France*, tom. XIX, pag. 304. — SAUZAY ; *Hist. de la Perséc. révol.*

bénédictions à la milice nationale, levée pour soutenir son œuvre. Loin d'opposer la moindre plainte à la confiscation des biens du clergé, il n'avait élevé la voix que pour recommander à son troupeau de respecter la jouissance de l'Etat spoliateur. Mais lorsqu'on lui avait demandé le sacrifice de son honneur sacerdotal et de sa foi de chrétien, cet homme si condescendant et si doux, si patient devant la spoliation, ce grand seigneur qui avait fait si bon marché des privilèges de sa caste, ce prince si plein de déférence envers les moindres autorités populaires, avait déployé une fermeté aussi calme qu'inébranlable. Appelé à concourir au bouleversement de son diocèse, il n'avait d'abord opposé qu'une réserve silencieuse et des moyens dilatoires, attendant, espérant toujours que l'Assemblée, le Roi, le Souverain Pontife, finiraient par s'entendre sur les termes d'une transaction qui sauvegarderait les principes essentiels de la foi, en accordant à la passion novatrice du moment tout ce qu'il serait possible de lui céder. Il avait même offert, à l'exemple d'un grand nombre de ses collègues, de descendre de son siège pour laisser la place à un homme nouveau, que son origine semblât disposer encore mieux que lui en faveur des intérêts populaires. Pour épargner de nouvelles fautes à un peuple aveuglé, il avait quitté d'abord son palais, puis sa ville épiscopale et enfin son diocèse ; mais seulement à la dernière extrémité, montrant, par ces étapes successives, qu'il s'éloignait à regret, qu'il ne maudissait pas, qu'il espérait et aimait toujours, et qu'il ne reculait que devant la volonté bien déclarée des ennemis de l'Eglise, d'en venir aux dernières violences.

La mort de M. de Durfort fut saluée par le parti constitutionnel avec une satisfaction sans voile et sans mélange, comme une bonne fortune inappréciable. Il lui sembla que

les catholiques fidèles du Doubs, n'ayant plus à choisir
entre deux évêques, n'avaient qu'à se précipiter aux pieds
du seul qui restât et que la mort de M. de Durfort achevait
de légitimer le ministère de M. Seguin. Celui-ci, du reste,
avait accueilli, avec une bonne foi aveugle et inconcevable,
un conte absurde et odieux pour la mémoire de M. de
Durfort, mais qui eût été très habile s'il avait pu avoir une
ombre de vraisemblance. Un de ses familiers, voulant
sans doute lui faire plaisir et ranimer son courage, lui
avait déclaré un jour, tenir de source certaine que, dans les
derniers temps de sa vie, M. de Durfort avait témoigné
confidentiellement un amer regret de n'avoir pas épousé le
parti du schisme. Il fallait avoir aussi peu de pénétration
que M. Seguin, pour donner dans un pareil panneau. L'évêque de Lausanne (Bernard-Emmanuel de Lentzburg), le
premier et le plus ancien des suffragants de la métropole
de Besançon, protesta énergiquement au nom des catholiques contre ces allégations ridicules, dans une déclaration
qu'il fit imprimer (22 avril 1792). Il y déclara que le
repentir attribué au vénérable défunt était une calomnie
atroce, démentie par toute sa conduite. Cette protestation
fut corroborée peu de jours après (11 mai) par le témoignage authentique et solennel de tous les membres du chapitre collégial de Soleure. Les schismatiques se turent et
la mémoire du confesseur de la foi rentra dans le calme
dont on avait pu la tirer un moment, mais sans pouvoir
infliger la moindre atteinte à son honneur[1].

Le fond du caractère de M. de Durfort était une bonté
sans bornes, unie à une exquise simplicité. Il vivait en
famille avec les employés ecclésiastiques et laïques de sa
maison, partageait sa table avec eux et même avec les offi-

[1] **Sauzay**, tom. II, pag. 286.

ciers les plus pauvres de la garnison. Tous les jours de l'année, il y avait une douzaine de couverts réservés pour ces derniers, et telle était la condescendance du bon Archevêque qu'il avait soin de leur faire servir des aliments gras les jours d'abstinence, où l'usage en était permis aux militaires, pendant qu'il faisait maigre à leurs côtés. En toutes choses, il se contentait de fort peu pour lui-même, ne voulait pas qu'on pressât trop ses fermiers, quoiqu'il fût plus d'une fois court d'argent ; et pendant les deux dernières années de son épiscopat, la Révolution, qui s'était emparée de ses revenus, oublia complètement de lui payer le traitement destiné à l'indemniser, sans qu'il songeât à formuler la moindre réclamation ni à élever la moindre plainte. Il mourut même sans en avoir reçu un seul à-compte.

A une époque où le luxe des appartements était poussé à la fureur, il avait meublé son palais avec l'abondance que commandait une large hospitalité, mais avec une simplicité toute bourgeoise. L'estimation totale que l'on fit de son mobilier, après sa mort, ne monta pas à 18,000 livres en assignats. En compensation, ses largesses étaient celles d'un prince, et chaque fois qu'il officiait pontificalement, c'est-à-dire à toutes les fêtes solennelles de l'Eglise, les pauvres de la ville, rangés sur son passage depuis la porte de son palais jusqu'à celle de la cathédrale, recevaient des mains des serviteurs qui le précédaient, une distribution qu'on n'évaluait pas à moins de 1,000 livres.

Les peines de ses diocésains les plus éloignés étaient vraiment devenues les siennes. En feuilletant la collection de ses Mandements, ce qu'on rencontre le plus souvent, ce sont de touchants appels en faveur des victimes des incendies, des inondations, des grêles et autres calamités de la campagne.

Il était d'un accueil facile pour tous les humbles et les petits. Cette forme, la plus délicieuse peut-être et la plus goûtée de la charité des grands, était d'autant plus agréable au peuple, qu'il s'était senti plus gêné par les barrières peu évangéliques qu'une étiquette de cour avait trop souvent dressées entre ses nobles archevêques et les prêtres eux-mêmes. Un autre trait non moins délicat de la bonté de M. de Durfort était l'empressement qu'il mettait à se rendre partout où sa présence pouvait apporter de l'honneur ou du plaisir ; c'est ainsi qu'il venait fidèlement, chaque année, présider la distribution des prix du collège de la ville et baiser paternellement au front ces fils de marchands et de procureurs, qui en étaient certes bien glorieux alors, mais qui, éclairés par une triste philosophie, devaient, quelques années après, s'en laver en chassant de sa demeure l'auguste vieillard.

Mais surtout personne ne s'acquittait avec plus de grâce que lui de cette bienfaisance spéciale, qui est à la fois l'heureux privilège des grandes positions et la ressource des grandes infortunes. Un gentilhomme estimable, M. de Courcelles, s'étant trouvé réduit à la gêne et forcé de cacher ses revers loin des villes, M. de Durfort lui abandonna la jouissance gratuite de tout son château de Mandeure. Ce gentilhomme en resta paisible possesseur, avec sa famille, pendant de longues années, et il n'en fut expulsé que par la République[1].

[1] Jusqu'à ce moment la principauté de Mandeure était restée fidèle à M. de Durfort, son souverain. Elle montra une résistance courageuse aux entreprises du gouvernement révolutionnaire français. Informées que le département du Doubs se disposait à revendiquer, en vertu de la confiscation des biens du clergé, les revenus que l'Archevêché de Besançon possédait à Mandeure, les autorités locales déclarèrent que ces revenus étaient placés sous le sequestre et ne seraient délivrés qu'à M. de Durfort

Le palais épiscopal de Besançon était devenu comme un lieu d'asile. Un peintre, poursuivi pour dettes, vint un jour y chercher un refuge ; M. de Durfort l'y accueillit et l'y garda avec sa bonté ordinaire, et pour lui faire gagner de l'argent, dont sa femme et ses enfants avaient le plus pressant besoin, il lui commanda une collection de portraits des archevêques de Besançon, dont il se proposait d'orner la salle synodale. Chaque fois que le prélat payait l'artiste, il divisait la somme en deux parts : «Voilà, disait-il, pour votre famille et voici pour éteindre votre dette ». Grâce à cette libéralité, unie à une leçon de probité si délicate, la famille du peintre fut sauvée, le créancier payé, et l'archevêché doté d'une collection précieuse.

Du reste, il n'était pas une seule des obligations pastorales à laquelle M. de Durfort ne se montrât tout aussi fidèle. Il gardait ponctuellement la résidence et demeurait scrupuleusement enfermé dans les murs de Besançon et n'en sortait guère que pour ses tournées pastorales. Sa vie était si pure, que jamais on n'osa élever le moindre soupçon sur sa vertu. Elle reçut même un touchant hommage, déposé par la Révolution sur son tombeau. En 1793, la famille de M. de Durfort ayant réclamé les meubles qu'il avait laissés à Besançon en quittant la ville, il se trouva qu'une main indiscrète avait mêlé à ce mobilier, sans doute pour les sauver, quelques effets appartenant à un gentilhomme émigré, et entre autres une malle remplie de livres, qui auraient été fort déplacés dans la bibliothèque d'un évêque. C'était une belle occasion de scandale ; mais tel était le respect unanime que commandait encore sa mémoire

ou sur un ordre de sa part. Mais que pouvait la petite principauté contre la force ? *(Sauzay, Hist. de la Persécution révolutionnaire dans le département du Doubs*, tom. II, pag. 181).

que personne n'osa tirer parti de cette circonstance ; on comprit que ces livres ne lui avaient jamais appartenu.

Les qualités du cœur, si étendues chez M. de Durfort, ne s'étaient pas développées au détriment de celles de l'esprit. Il était ami de l'étude, versé dans les sciences sacrées et profanes, et personne n'aurait pensé à l'accuser d'avoir besoin du secours des théologiens pour composer ses excellentes instructions pastorales. Il aimait les lettres, ne manquait jamais aux séances de l'Académie de Besançon, dont il était membre, ainsi que nous l'avons dit plus haut, et encourageait les fouilles des archéologues sur son territoire de Mandeure, tout rempli d'antiquités romaines. Sa gaieté, aiguisée d'une pointe de malice inoffensive, se traduisait souvent en bons mots et en traits charmants qu'on citait partout [1].

[1] Cf. Sauzay ; *Hist. de la Persécution révol.*, passim, et Besson ; *Oraison funèbre.*

CHAPITRE IX.

I. — Aussitôt informés du décès de l'illustre confesseur de la foi, les chanoines de la collégiale de Saint-Urs se réunissent et disposent toutes choses pour la cérémonie-funèbre. Ils commencent par envoyer une députation, prise dans leurs rangs, auprès de la famille du défunt et de ses fidèles compagnons qui veillent sur sa dépouille, après l'avoir assisté dans sa maladie et avoir reçu son dernier soupir. Ils dépêchent un courrier à Fribourg pour notifier le décès à l'évêque de cette ville, ami de M. de Durfort, et le prier de venir le jeudi 22 mars présider ses funérailles. Ils prennent enfin les mesures dictées par les circonstances afin de leur donner toute la magnificence possible ; mais en même temps ils pensent à l'avenir, afin que le corps puisse être un jour transporté à Besançon, après le rétablissement de l'ordre en France. Les autorités constituées consentent gracieusement à tout ce qu'on leur demande. Elles préviennent encore les difficultés et dressent un procès-verbal dans toutes les règles, que signent les députés de l'Etat et du vénérable chapitre.

II.— En apprenant les dispositions pleines de délicatesse dont les chanoines de la collégiale avaient pris spontanément l'initiative, les compagnons du pontife défunt s'empressent de leur en témoigner leur reconnaissance, par la lettre suivante, datée du 21 mai.

« Messieurs,

»Nous avons appris avec une extrême sensibilité les marques de vénération et de respect que vous vous êtes empressés de donner à la mémoire de feu Mgr Raymond de Durfort, notre Archevêque. En faisant servir votre ministère et à l'appareil et à la solennité de ces obsèques, vous avez secondé les vœux de votre auguste Sénat, et rendu un hommage authentique à la foi que professait cet illustre Pontife, et que nous nous glorifions de professer avec lui. Les fastes de l'église de Besançon conserveront précieusement le souvenir du clergé de Soleure, dans lequel vous tenez, Messieurs, un rang distingué ; ils rappelleront à nos neveux que ce respectable clergé honora Mgr de Durfort comme un confesseur de la vraie foi et son métropolitain persécuté dans sa personne. Il communiqua avec tous les prêtres et les fidèles de son diocèse qui ne s'étaient pas séparés de lui. Oui, Messieurs, votre conduite dans cette triste circonstance atteste hautement que nous sommes en communion avec vous, et que par conséquent nous appartenons à l'Eglise catholique. L'Eglise constitutionnelle qui s'élève sur nos ruines mérite le reproche que saint Augustin faisait aux Donatistes. Cette Eglise ne s'étend pas au delà des bornes de la France, comme celle de Donat ne passait pas les limites de l'Afrique. Vous n'ignorez pas, Messieurs, que le chapitre métropolitain de Besançon, dont j'ai l'honneur d'être le chef, ne peut pas s'assembler. Cette impossibilité le prive de la satisfaction de vous témoigner en corps sa juste et respectueuse reconnaissance ; mais ce sentiment est gravé dans le cœur de tous les membres qui le composent, dans celui de tous les prêtres et fidèles catholiques de ce diocèse et dans le mien.

»J'ai l'honneur d'être avec respect, Messieurs, votre très humble et très obéissant serviteur.

»† C.-J. Ev. DE RHOSY,

»*Suffragant de Besançon et Doyen du Chapitre*»[1].

III. — La réponse des chanoines ne se fit pas longtemps attendre ; elle porte la même date que la précédente et est ainsi conçue :

« Monseigneur,

»Les marques de respect et de vénération que nous nous sommes empressés de donner à la mémoire de feu Mgr de Durfort, Archevêque de Besançon, n'étaient qu'une faible expression des sentiments dont nous fûmes pénétrés dès les premiers instants de son arrivée à Soleure. Son zèle vraiment apostolique pour la plus sainte des religions, son courage et sa résignation, sa sollicitude paternelle pour tous ses diocésains, furent des sujets continuels de notre admiration. — On ne parle plus de ce pieux prélat qu'avec attendrissement ; on ne s'entretient de ses rares qualités que touché aux larmes. Aussi sommes-nous convaincus, Monseigneur, et nous ne cesserons de le répéter, que l'Eglise de Dieu, méconnue aujourd'hui et outragée, trouve dans sa personne une nouvelle preuve de la sainteté de sa doctrine. Les vertus de ce digne métropolitain assurent encore à l'Eglise ce genre particulier de gloire, à qui les efforts réunis des ennemis les plus puissants et les plus implacables ne peuvent que rendre plus de lustre et d'énergie.

---

[1] BESSON ; *Lettre de Mgr le Suffragant de Besançon au Vénérable Chapitre de Saint-Urs, à Soleure*, pag. 62.

Recevez, Monseigneur, avec bonté, les compliments de condoléance que nous avons l'honneur de vous présenter, ainsi qu'à tous les membres du chapitre métropolitain de Besançon. Daignez les assurer que nous partageons, avec la plus profonde sensibilité, tous leurs regrets, et qu'il n'y aura jamais rien de plus consolant pour nous que d'être en communion avec un clergé si respectable, qui, environné de menaces et de séductions, donne, en imitation de son vrai pasteur, un si grand exemple de fidélité et de persévérance.

»Nous sommes, avec un profond respect, de Votre Grandeur, les très humbles et très obéissants serviteurs.

»Le Prévot et les Chanoines du Chapitre de Soleure[1]. »

IV. — Les signataires du procès-verbal se rendent à la maison mortuaire le 22, jeudi, à 7 heures du matin, où ils trouvent disposé sur un lit de parade le corps de l'Archevêque et en reconnaissent l'identité. Le cortège funèbre se met aussitôt en marche : Les écoliers de la ville, du gymnase et du lycée ; les Pères Capucins et les Pères Cordeliers ; le clergé séculier, les chapelains de l'église collégiale, avec le curé de la ville et les deux députés du chapitre. Tous les assistants tiennent des cierges allumés. Quelques bourgeois portent sur les épaules le corps disposé sur un lit de parade. Quatre jeunes gens soutiennent des coussins de soie bleue, sur lesquels sont fixés les attributs du défunt : le pallium, le chapeau vert archiépiscopal, la couronne et l'épée de l'Empire. A leurs côtés, marchent les serviteurs du défunt, avec des flambeaux ardents. Ils sont suivis des membres du clergé français, tenant aussi des cierges allumés, des autres personnes françaises de

---

[1] *Réponse du Chap. de la Collég. de Saint-Urs*, 21 mai 1792, pag. 63.

qualité et enfin des députés de l'Etat. Non loin de la ville, avec le chapitre, sont groupés les membres du grand et petit conseil, ainsi que la bourgeoisie « en fraise, manteau et épée ». Ils se joignent au convoi qui continue sa marche au son de toutes les cloches de la ville. Aux deux côtés de la porte de Bienne, la troupe est sous les armes ; les tambours battent aux champs. Sur la place du grand marché, la grand'garde rend aussi les honneurs. On arrive enfin à l'église. Le prédicateur de la collégiale monte en chaire et fait l'éloge funèbre du pontife ; puis on célèbre avec beaucoup de solennité l'office des morts, pendant lequel le clergé, « les personnes de qualité françaises », les membres des deux conseils et toute la bourgeoisie vont à l'offrande. La cérémonie terminée, le corps est accompagné à l'église du collège des Jésuites, où il est déposé dans un cercueil en plomb. Ce cercueil est mis dans un autre en bois de chêne, solidement fermé, scellé du sceau de l'Etat et de celui du chapitre. Le corps est ensuite descendu dans le caveau des professeurs. Sur le cercueil en bois, on fixe une plaque en plomb, avec cette inscription :

CORPUS

ILLUSTRISSIMI AC REVERENDISSIMI

DD. RAYMUNDI

DE DURFORT-LÉOBARD

ARCHIEPISCOPI BISUNTINI,

SACRI ROMANI INSPERII

PRINCIPIS.

OBIIT SOLODORI

19 MARTII

1792,

A. N. 67.

R. I. P.[1]

[1] Extrait des Registres du Protocole du Chapitre Saint-Urs. *Procès-verbaux des 19* (lundi) *et 22* (jeudi) *mars 1792.*

V. — Le surlendemain, samedi 24 mars, une nouvelle cérémonie funèbre s'accomplissait, vers 9 heures du matin, dans la chapelle des religieuses de la Visitation de Soleure, en présence de quelques rares ecclésiastiques, présidée par l'abbé Petitbenoit de Chaffoy. C'était l'inhumation, au pied du maître-autel, du cœur et des entrailles de l'illustre défunt. Qu'il nous suffise, pour tout compte-rendu de cette seconde cérémonie funèbre, de rapporter ici le discours adressé aux religieuses par l'officiant qui devait un jour monter sur le siège épiscopal de Nimes.

« Nous venons, Mesdames, déposer dans le sein et l'asile de la piété, de la religion et de la perfection chrétienne, le cœur de Mgr Raymond de Durfort, archevêque de Besançon ; ce cœur qui fut lui-même le sanctuaire de toutes les vertus évangéliques. Parmi des vierges reposera un cœur qui ne connut que les délices de l'Agneau sans tache ; au milieu du renoncement évangélique sera placé un cœur qui posséda sans se permettre de jouir, et qui ne reçut que pour répandre ; dans un lieu consacré à la retraite, à l'éloignement du monde, où l'on ne connaît ni les pompes, ni les jouissances, sera le cœur d'un grand de la terre qui n'eut de sentiments que pour le ciel, d'un prince de l'Eglise par le choix de Dieu, cénobite par le sien propre, se produisant au monde par devoir et par zèle, recherchant la solitude par principe et par vertu, qui, dans les fonctions publiques d'une grande place, ne s'écarta jamais de cette maxime qui lui était familière. Il me semble encore entendre sa voix la prononcer : *Aimez à n'être point connu et à n'être compté pour rien.* Au pied de l'autel de Jésus-Christ, sera le cœur qui était lui-même un autel sur lequel il sacrifiait perpétuellement sa propre volonté et où, seul, sans autre témoins que Dieu, il lui offrait en holocauste les peines, les tribulations par lesquelles il lui plaisait de purifier son serviteur. Si, depuis qu'arraché à tous les objets qui lui étaient chers, ce cœur fut encore accessible à quelque consolation, il vous l'a dit, Mesdames : avec vous il croyait se retrouver au milieu de ces pieuses vierges, de ces chastes épouses de Jésus-Christ confiées à la sollicitude pastorale qui mérita toujours d'être l'objet de sa prédilection, dont aujourd'hui l'héroïque et inébranlable fidélité fait l'édification des bons, l'étonnement des méchants et l'admiration de tous. Ainsi, auprès de vous quelques douces idées venaient distraire son âme affligée, et tempérer l'amertume et la tristesse de son exil ; vous lui représentiez pendant sa vie cette portion chérie de son troupeau. Soyez encore, après sa mort, ses représentantes par les prières, les devoirs de piété que vous acquitterez en son nom sur sa tombe, restes précieux que nous venons vous confier. Vous possédiez son cœur pendant qu'il vivait ; la mort ne vous l'a point ravi ; elle ne rompt point des nœuds de charité. Ses cendres vous rappelleront son souvenir. La tendre affection qu'il portait aux vertueuses filles du saint évêque de Genève, et à vous en particulier, Mesdames, sont un titre pour lui à la protection de votre saint fondateur : en invoquant saint François de Sales, vous penserez au respectable prélat qui vous retraçait ses vertus. Vos prières hâteront le moment où Dieu daignera le couronner, et parmi ses protecteurs dans le ciel, après saint François de Sales, vous compterez le bienheureux Raymond de Durfort ».

VI. — Les prêtres du diocèse de Besançon, jetés par l'orage révolutionnaire près des lieux mêmes où leur saint Archevêque venait de mourir, se trouvèrent réunis plus de mille autour de son tombeau. Ils vinrent y puiser la patience et le courage que dix années de bannissement et de misère allaient exiger d'eux. Malgré leur commun dénuement, ces prêtres généreux, sur le point de se disperser sur toutes les routes de l'Europe, ne voulurent pas se séparer sans élever, à M. de Durfort, un monument qui rappelât à la fois ses vertus et leur affection fidèle. Ses restes, déposés dans la chapelle du collège de Soleure, furent recouverts par leurs soins d'un marbre où ils gravèrent cette inscription touchante : «A leur père Raymond, exilé pour la Foi, les prêtres du Diocèse de Besançon, exilés aussi et accablés de tristesse, ont élevé ce monument en l'année 1792 [1] ». A cette formule d'une tendresse et d'une égalité si chrétiennes, bien éloignée des pompes lapidaires de l'ancien régime, ils ajoutèrent ces belles paroles de saint Paul, qui résument si bien la vie du prince-évêque : « J'ai combattu pour la bonne cause ; j'ai achevé ma course et j'ai conservé la Foi [2] ». Juste et suprême témoignage rendu par de courageux athlètes à leur chef tombé le premier sur le champ de bataille, après leur avoir donné l'exemple de la résistance [3].

Sous le second Empire, grâce à la puissante initiative d'un de ses successeurs, la dépouille mortelle de l'illustre confesseur de la Foi devint l'objet d'une translation publique et officielle qui revêtit la forme d'un triomphe. On en jugera par le procès-verbal que nous transcrivons à la suite de nos *Pièces justificatives*.

[1] Patri suo Raymundo pro Fide exuli, exules præsbyt. Bisunt. mœstI posuere. M L CC XCII.

[2] Bonum certamen certavi, cursum consummavi, Fidem servavi.

[3] SAUZAY, tom. III, pag. 93.

PIÈCES JUSTIFICATIVES

N° **I** (Page 2).

BRANCHE DES DURFORT-BOISSIÈRES-LÉOBARD

(Voir *Le Bulletin Héraldique de France*, publié sous la direction de M.Louis de La Roque, n°ˢ des mois d'août, septembre, octobre, novembre et décembre 1895).

I. Raymond-Bernard de Durfort, fils de Foulques de Durfort, auteur commun des Duras, Lorge, Civrac, Boissières et Léobard, époux (1262) d'Astorgue de Gaure.

II. Bertrand de Durfort, ép. (1299) de Sibylle de la Barthe.

III. Raymond-Bernard de Durfort, ép. (1328) de Delphine de Béraldi, dame de Boissières.

IV. Raymond-Bernard de Durfort, seigneur et baron de Boissières, ép. (1354) de Cécile d'Astarac.

V. Bertrand de Durfort, seigneur et baron de Boissières, ép. de Finette de Favans.

VI. Raymond-Bernard de Durfort, seigneur et baron de Boissières, ép. (1438) de Marguerite de Cazeton de Léobard.

VII. Antoine de Durfort, seigneur et baron de Boissières, de Salviac, de Léobard et de Saint-Germain, ép. d'Hélips de Cardaillac de Bièles.

VIII. Pierre de Durfort, seigneur et baron de Boissières, de Salviac, de Léobard et de Saint-Germain, ép. (15 janvier 1505) d'Isabeau de Roquefeuil.

IX. Guyot de Durfort, seigneur de Léobard, de Costeraste et de Pontcarret, ép (1ᵉʳ août 1539) de Catherine de Fumel, dame de Montségur.

X. Jean de Durfort, seigneur de Léobard, ép. (18 octobre 1566) de Marguerite de Beaupoil, dame de Pestillac.

XI. Jacques de Durfort, seigneur de Léobard et de Montségur, ép. (14 juin 1589) de Marguerite d'Ebrard de Saint-Sulpice.

XII. Antoine de Durfort, seigneur de Léobard, ép. (2 avril 1629) de Madeleine de Cardaillac

XIII. François de Durfort, dit le chevalier de Léobard, seigneur de Costeraste, de Poncarret, de La Fontade et de La Roque-Montamel, ép. (11 février 1667) de Clémence de Vielcastel.

XIV. Gilles-François de Durfort, baron de Léobard, ép. (6 mars 1714) de Jeanne de Mérully, dame de Cavanié.

XV. *Raymond de Durfort-Léobard*, évêque d'Avranches et de Montpellier, archevêque de Besançon. — Il portait pour armes celles de sa maison : « Ecartelé, au 1 et 4 d'argent à la bande d'azur, qui est de Durfort ; au 3 et 4 de gueules, au lion couronné d'or, accompagné de 12 besans d'argent, qui est de Cardaillac ».

Gilles-François de Durfort eut de Jeanne de Mérully dix enfants.

1. *Amable*, non marié,
2. *Antoine*, religieux,
3. *Louis*, qui suit,
4. *Etienne*, dit le chevalier de Durfort, mort sans enfants
5. RAYMOND,
6. *Marie*, sans alliance,
7. *Marguerite*, religieuse à Figeac,
8. *Claude*, abbesse de Farmoutier, en 1774, puis religieuse de l'ordre de Citeaux, à l'abbaye de Leyme,
9. *Gabrielle* { religieuses du même ordre, au prieuré de
10. *Anne* { Lissac.

XV. Louis de Durfort, dit le comte de Durfort-Léobard, né le 6 juillet 1721, héritier du cousin germain de son père, François-Louis de Durfort, baron de Léobard, ép. (17 décembre

1754) d'Anne-Suzanne-Claire-Madeleine-Frédérique de Mont-
réal de Sorans (fille et héritière d'Henri-Jean-Baptiste marquis de Sorans, colonel d'infanterie et de Madeleine Sury de
Stimbrougg, de Soleure).

De ce mariage naquirent trois enfants :

1. Jeanne-Marie-Nicole, née le 31 janvier 1756, épousa
(6 février 1774) Jean-Victor-Joseph-Laurent-Fidéle d'Esta-
vayé, baron de Mollondin ; une fille naquit de ce mariage,
en 1775.

2. Marie-Anne-Louise-Gabrielle, née le 25 juillet 1757.

3. Gilles-François-Louis-Anne de Durfort-Léobard, comte
de Durfort, né le 18 octobre 1758.

N° II (Page 11).

FORMULE DU SERMENT PRÊTÉ PAR L'ÉVÊQUE

(24ᵉ Reg. des Délib. du Chap. Cath. Saint-Pierre, Fᵒ 88).

Ego Raymundus de Durfort, Dei misericordia, Monspe·
liensis Episcopus, juro coram summo Deo et Angelis ejus,
et promitto vobis, charissimis fratribus Canonicis et Capitulo
dictæ Cathedralis Ecclesiæ Monspeliensis, me Statuta Ecclesiæ observaturum, bona ejusdem Ecclesiæ conservaturum,
nec aliquid quod ad dictam Ecclesiam seu ejus regimen
pertineat, sine consilio vestro acturum seu gesturum ; tur-
num quem *Caviliam* vocant et quæ à dicto Capitulo in hunc
usque diem acta sunt approbans. Sic Deus me adjuvet.

† Raymund. Ep. Monsp.

N° III (Page 16).

QUESTIONNAIRE

(Feuille volante, 4 pages in-4°).

Monseigneur l'Evèque, prie Monsieur le Curé de ....
de répondre sur cette feuille aux demandes suivantes, de
signer à la fin, et de faire signer aussi son, ou ses vicaires,
afin de pouvoir connoître l'écriture des uns et des autres.

Paroisse de ....,

1. A quelle distance est-elle de Montpellier. A quelle est-
elle des trois ou quatre paroisses ses plus proches voisines ?

2. Qui en est le Seigneur ? Y demeure-t-il ?

3. A quel Saint ou Sainte l'Eglise paroissiale est-elle
dédiée ?

4. Y a-t-il plusieurs Autels dans l'Eglise de la Paroisse ?
Combien ? A l'honneur de quels Saints ?

5. Y a-t-il quelque Dévotion particulière ? Sous quelle
dénomination ? En quoi consiste-t-elle ?

6. A combien montent les revenus de la Cure ? Qui y
nomme ?

7 Doit-il y avoir un Vicaire ? Quels sont ses revenus ?

8. Y en a-t-il à présent ? Est-il de ce Diocèse, ou de quel ?
Quel âge a-t-il ? Son nom ?

9. Depuis combien de temps exerce-t-il les fonctions du
saint Ministère ?

10. Y a-t-il une Fabrique ou Œuvre ? Quels sont ses
revenus ?

11. Y a-t-il quelque Bénéfice ? Comment appelé ? Ses
revenus ? Qui y nomme ?

12. Y a-t-il un Maître et Maîtresse d'Ecole ? Que donne-
t-on à l'un et à l'autre ?

13. Y a-t-il un Hôpital ou quelque autre établissement pour les Pauvres ? Comment appelé ? Quels sont ses revenus ?

14. Y a-t-il quelque Maison Religieuse ? Quelle ? ou des Pénitens ou autre Confrérie ? Combien de personnes à chaque Maison ou Corps ?

15. Combien y a-t-il de Communions ? Combien ont manqué de satisfaire au devoir pascal cette année ?

16. Y a-t-il des Protestants ? Combien ?

17. Y prêche-t-on un Carême ou seulement une Quinzaine ? Que donne-t-on au Prédicateur ?

18. Quels revenus donnent les Dixmes, charges déduites ? A qui appartiennent-elles ?

† R. Evêque de Montpellier.

Je soussigné Curé de .... atteste que les réponses ci-dessus sont véritables, au moins suivant la connoissance que j'en ai.

N° **IV** (Page 17).

LETTRES DE « COMITATU »

(Arch. de l'Hérault, 10ᵉ Reg. des Titres et Bénéfices, pag. 32.— 20 mai 1772).

... De tua certi sufficientia in gerendis rebus ecclesiasticis, ut eo magis tam in consilio quam in administratione negociorum ecclesiasticorum nobis conjunctus et strictius adhæreas, functionibus canonicis in Ecclesia gallicana constanti usu receptis inhærens; te ex canonicis Ecclesiæ nostræ cathedralis, de Comitatu nostro nominamus et eligimus, volentes ut qua talis habearis et facultatibus, immunitatibus, privilegiis, omnibusque aliis prædicto muneri de Comitatu per statuta canonica, gallicanæ Ecclesiæ usu firmata, adjunctis, debito modo in dicto munere tibi à nobis per præsentes commisso, perfruaris.

N° **V** (Page 18).

MODÈLE DE PROCÈS-VERBAL DE VISITE PASTORALE

L'an mil sept cent soixante-   et le   du mois
        heure   . Nous RAYMOND DE DURFORT, Evêque
de Montpellier, étant dans le cours des Visites de notre
Diocèse, nous sommes transportés en la Paroisse de
        pour y faire notre Visite épiscopale, indiquée à ce
jourd'hui par notre Mandement   publié
à la Messe de Paroisse, le   accompagnés de
        où étant arrivés, nous avons été reçus
en présence de tous les Habitants, par
et conduits processionnellement sous le Dais, porté par
        jusqu'au Maître-Autel de lad. Eglise,
et après les Prières et Cérémonies prescrites par le Pontifical Romain, nous avons fait une Exhortation au Peuple en
leur exposant le sujet de notre Visite ; ensuite nous avons
interrogé tant led. sieur Curé, les Officiers du Lieu et Consuls appellés, que les Habitans, sur l'état de ladite Paroisse,
et après avoir fait l'Absoute des Morts, nous avons procédé à
la visite des choses sacrées, Lieux saints et Personnes dans
l'ordre prescrit par ledit Pontifical Romain ; et suivant ce
qui nous a été exposé, et ce que nous avons reconnu, nous
avons trouvé tout en l'état marqué aux articles suivants, que
nous avons examiné l'un après l'autre. Que

1. Ciboire, Croissant, Boëte pour le Viatique, Bourse
d'icelle, intérieur du Tabernacle.

2. Fonts-baptismaux, leur situation, grandeur, fermeture,
Cuvette, Piscine.

3. Saintes Huiles, l'endroit où elles sont conservées.

4. Reliques, leur Authentique, comment conservées.

5. Maître-Autel, ceux des Chapelles, leur nombre. Saints
auxquels ils sont dédiés, Rideaux pour le Tableau, Voile
pour le tems de la Passion, Tapis pour tous les jours, petit
Pupitre.

6. Tableau, Statuës, Sculptures.

7. Confessionnaux, leur nombre, situation.

8. Chaire à prêcher, si on y prêche Avent, Carême, Quinzaine, qui en paye la rétribution et combien ?

9. Sacristie, Table pour les Ornemens, Armoire pour les enfermer. Crucifix, Prie-Dieu, Carton pour la Préparation et Action de grâce, Fontaine pour laver les mains, Porte, Fenêtres, Vitre, Pavé, Voûte et Murs.

10. Calices, Patènes, Burettes, Bassins, Clochette pour avertir lors de l'élévation de la Sainte Hostie et Calice.

11. Missels, Graduels, Antiphoniers, Rituel.

12. Etat des Chasubles des cinq couleurs, Etoles, Manipules, Voiles de Calice, Chappes, Paremens d'Autel, Etole blanche et violette pour les Sacremens, Echarpe pour le Saint-Sacrement.

13. Etat des Aubes, Amicts, Ceintures, Corporaux, tours d'Etoles, Purificatoires, Palles, Nappes d'Autel, de Communion, Essuyes-mains de l'Autel, de la Sacristie.

14. Encensoir, Navette, Croix processionnelle, celle pour l'Extrême-Onction, Bénitier portatif, Chandelier triangulaire pour les ténébres, Chandelier pascal, Dais, Voile de la Croix pour le tems de la Passion, Fanal, Clochette pour le Saint-Viatique, Représentation pour les Morts, Drap mortuaire.

15. Sanctuaire, Balustrade, Table de Communion, Lutrin, Lampe, fourniture de l'huile et luminaire de l'Autel, Murs, Vitres, Pavé, Bancs, Tombeaux, Titres d'iceux.

16. Nef, Bancs, Sépultures, leurs Titres, Pavé, Voûtes, Vitres, Murs, Bénitier fixe, Clocher, leur situation.

17. Messe, Prône, Catéchisme, Vêpres, Complies, à quelles heures, Processions, Expositions du Saint-Sacrement, Indulgences, combien dans l'année, les Titres, Abus.

18. Fabrique ou Œuvre, son revenu fixe et casuel, les Comptes, Coffre pour les garder et autres papiers.

19. Fondation, Chapelle, autres Bénéfices, le revenu, nom des Titulaires et Patrons, Acquit des charges.

20. Confrairies des Pénitens et autres. Titres, Abus.

21. Eglise, sa grandeur, si elle est suffisante, consacrée. Son Titulaire, son Patron.

22. Registres de Baptême, Mariage, Sépulture, s'ils sont en forme requise, s'il n'y a point de blanc, de combien d'années. Coffres pour les garder et les autres Papiers.

23. Le Cimetière, Croix, Clôture.

24. Etat de la Maison presbitérale, Personnes logées avec M. le Curé.

25. Nom de M. le Curé, résidence, devoir pastoral, ses mœurs, son habit, s'il a les Statuts sinodaux et autres livres nécessaires, revenus de la Cure.

26. Noms des secondaires et autres Ecclésiastiques, mœurs, qualité, conduite.

27. Régent, Régente, leur nom, mœurs, capacité, approbation, exactitude aux Règlemens, leurs revenus, nombre des écoliers.

28. Sages-femmes, leurs noms, capacité, conduite, serment, comment elles confèrent le baptème.

29. Hôpital, Bureau de charité, Revenus, Administrateurs, Comptes, Aumônes du Décimateur.

30. Nombre des Paroissiens, des Communians, de ceux qui n'ont pas satisfait au devoir paschal.

31. Des Scandales, Abus, Inimitiés, Procès qui entretiennent la division.

32. Produit de la Dîme, nom du Décimateur, du Patron de la Cure, du Seigneur de la Paroisse.

De tout ce que dessus nous avons dressé le Procès-verbal, les jour, an, heure et au lieu susdits et après en avoir fait faire la lecture, l'avons signé avec

Nous, RAYMOND DE DURFORT, Evêque de Montpellier. Vu notre Procès-verbal ci-dessus, et après l'avoir bien examiné, avons ordonné et ordonnons.

N° **VI** (Page 33).

RÉTABLISSEMENT DES FONCTIONS DE PÉNITENCIER

(Reg. des Bénéfices, N° XVIII, pag. 111. — 23 mars 1769).

Officium Pænitentiarii in Ecclesia nostra Cathedrali à Prædecessoribus nostris juxta sacrorum Conciliorum generalium decreta, institutum, à triginta circiter annis vacans, restituere cupientes, illi redditus attribuere quando occasio opportuna occurret, illius jura et munera exponere, ad obviandum abusibus irrepere valentibus sequentia præmittenda duximus.

1° Propositum nostrum Præposito et Canonicis Ecclesiæ nostræ Cathedralis communicavimus, qui in approbationis signum, deliberatione habita die 22 mensis martis anni 1769, concesserunt Pænitentiario jus utendi in Ecclesia vestibus canonicis propriis, superpelliceo scilicet et almusia.

2° Dicti Capituli consensu, capellam confraternitatis Sanctæ Crucis, pro functionibus Pænitentiarii obeundis, designavimus.

3° Dilectum nobis in Christo Magistrum Joannem Fulcrannum Broussonnet, antiquum Diœcesis Archipresbiterum Pænitentiarium jam designatum nominavimus et instituimus, qui et illius successores ad nutum nostrum semper revocabiles erunt ; illi et successoribus Pænitentiariis, præter dicta jura Pænitentiariæ annexa et annectanda, concedimus facultatem omnium fidelium Diœcesis confessiones, etiam in paschate audiendi, eosque à peccatis et à quibuscumque casibus, licet nobis reservatis etiam specialiter, censurisque illis annexis absolvendi, non tamen ullam dispensationem concedendi, nec vota commutandi, nec etiam restituendi maritales qui jus petendi debitum conjugale amiserunt.

Hanc facultatem exercebit Pænitentiarius personaliter, et quotiès fuerit requisitus, pænitentiumque petitionibus obviabit, Ecclesiam se conferens, diebus et horis convenientibus quibus pænitentes, peccata confitendi causa, convenire solent ; præsertim dominicis et festivis, illorumque vigiliis. Poterit quoque partem hujus potestatis aliis committere, dummodo simul concurrant sequentes conditiones :

1° Ut justa id exigat causa.

2° Ut non committatur nisi pro peccato Pænitentiario in confessione declarato, seu confesso.

3° Ut non committatur, nisi confessarius à nobis approbatus et Pænitentiario cognitus tanquam doctus, pius atque prudens, qui sciat discernere actiones peccaminosas a permissis, earum malitiam, species, et quando eis medendum ; quando danda vel deneganda aut differenda est absolutio, qui pro peccatorum frequentia et gravitate et pænitentium necessitate, correctiones et monitiones opportunas, paterna charitate simul et severitate conditas adhibeat, et convenientibus verbis ad animi dolorem, peccati detestationem ac virtutis amorem, adducere nitatur ; quique pro qualitate criminum et pænitentium facultate, salutares et congruas satisfactiones injugat; non tantum ad novæ vitæ custodiam et infirmitatis auxilium, sed ad præteritorum etiam peccatorum vindictam et castigationem, opiniones tum laxiores tum rigidiores devitans.

N° VII (Page 36).

NOMINATION DES ARCHIPRÊTRES.

(Reg. des Bénéf. de 1766 à 1771, pag. 110).

Nos de tuis probitate, pietate, scientia, fidelitate et idoneitate in rebus gerendis, debite informati, ac plurimum in Domino confisi, quòd non hominum personas respiciens, sed Deum solum, illiusque gloriam præ oculis habens, munus tuum perficis, te Archipresbiterum Archipresbiteratus (*de Frontignan*) nominavimus et instituimus, nominamus et instituimus, potestatemque tibi concedimus dicti Presbiteratus Ecclesias parochiales et capellas quotannis, mense ante vel post Pentecostes festum, et sæpiùs si opus fuerit visitandi, et inquirendi an Ordinationes tempore Visitationis factæ, debitam executionem habuerint, an aliquid à dicto tempore quod novam Ordinationem requirat, evenerit; an in dictis Ecclesiis nihil ex necessariis atque requisitis cultui divino, sacrorum administrationi desit; an parochi in suis parochiis resideant, munus suum erga parvos et magnos, pauperes, divites et infirmos, verbo et exemplo fideliter adimpleant; an vestem talarem semper ferant; an ancillas et alias ejusdem sexus personas quinquaginta annis minores, aut aliàs ratione etiam anteactæ vitæ suspectas, juxtà ultimum Concilium provinciale (*Tit.* 41) habeant; an et alii presbiteri sive clerici Statutis Diœcesanis in omnibus vitam conformem agant; an Magistri et Magistræ Scholarum laudabiliter se gerant, rectè et ut decet doceant; omnium quæ correctione indigent, seu difformium, vel oppositorum legibus Ecclesiæ sive Diœcesis, actum inscribendi, et ad nos infrà mensem dirigendi; linteamina et ornamenta Ecclesiarum tui Archipresbiteratus benedicendi et in dicto Archipresbiteratu commorantes à casibus reservatis, censurisque illis annexis absolvendi, non verò alium committendi.

N° VIII (Page 37).

INSTITUTION DES PRO-CURÉS

(Reg. des Bénéf. — 14 avril 1769).

Cum sollicitudo pastoralis à nobis deposcat ut unicuique Parochiæ de digno Pastore provideatur, qui in ea resideat, omniaque munia ad eum spectantia dignè exequatur; cum autem Pastor Ecclesiæ *de Valflaunès*, nostræ Diœcesis, ea præstare non valeat ob illius residentiam in parochia *des Matelles*, quam pariter possidet, tibi prædicto Magistro Antonio Boissonnade, cujus pietas, scientia et experientia in parochiæ regimine nos non latent, Rectoris dictæ parochiæ de Valflaunès, quamdiù absens fuerit vices gerendi, in dicta Ecclesia prædicandi, confessiones fidelium audiendi, eosque à peccatis absolvendi, matrimonium, aliaque sacramenta illius parochiæ parochianis administrandi, et cætera omnia munia pastoralia in ea obeundi, licentiam concedimus; tibique pro honorario tuo annuo tercentas libras super redditibus dictæ curiæ de Valflaunès adjudicamus.

N° IX (Page 39).

ETAT DES RENTES FIXES EN CONTRACTS

DONT JOUIT L'OEUVRE DE LA MISÉRICORDE DE MONTPELLIER

(Arch. de l'Hérault. *Série C, Intendance*, N° 512).

Rentes sur la Province de Languedoc	1.412[1]	»	»
— sur le Diocèze de Montpellier	332	8	»
— provincialles	305	»	»
— sur le diocèze de Nimes	60	»	»
— sur le Clergé de France	675	»	»
— sur le Clergé du Diocèze de Montpellier	279	»	»
— sur l'Hôtel-de-Ville de Paris	17	10	»
— sur l'Hôtel-de-Ville de Lyon	250	»	»
— en contracts sur l'Hôtel-de-Ville de Montpellier .... 377[1] 2[s] 7[d]			
Plus, que lad. communauté impose annuellement pour les médicamens .... 450 » »	827	2	7
	4.158	0	7
Rentes sur l'Hôtel-Dieu Saint-Eloy, pour les drogues, médicamens et salaire du Médecin	550		
— sur la Cour des Aydes	120		
— sur les créanciers de Sartre	16	10	
— sur les Corps des Procureurs à la Cour des Aydes de Montpellier	75		
Aumône des Etats (de Languedoc)	100		
Rente sur le Corps des Orphèvres	25		
Rentes sur le Chapitre Saint-Sauveur	46		
— sur le Chapitre de la Trinité	12	10	
— sur les propriétaires des preds de Latte	120		
— sur un particulier	25		
	5.334	13	10

Report........   5.334 13 10

Rente des Maisons

Pour le loyer de la Maison dont le rez-de-chaussée sert pour les cuisines de l'Œuvre, magazin, garde-manger, où l'on tient les viandes pour le bouillon des pauvres, appoticairerie où l'on tient les remèdes, salle pour la distribution journalière du bouillon, viande et pain ; Lad. maison bâtie depuis environ un an cy....... .... 1.330^l 0^s

A distraire
pour les tailles et vingtième.... 184^l 8^s } 384^l 8^s } 945 12
— réparations annuelles..... 200

6.280 5 10^1

---

^{1} Nous avons reproduit servilement les chiffres ci-dessus, sans nous préoccuper de la rectitude des additions.

N° ...

RÉPARTITION D...

(Procès-verbaux des Délibérati...)

RÉPARTITION pour LA PROVINCE DE LANGUEDOC	RÉPARTITION pour le diocèse DE MONTPELLIER			RÉPARTITION pour le diocèse DE BÉZIERS		
	l	s	d	l	s	d
Taille 514.517^l 4^s 4^d.............	28.971	15	10	32.494	2	1
Taillon 165.000^l » »	9.300	17	4	10.431	13	11
Don gratuit 2.722.500^l..........	153.464	5	2	172.122	18	8
Garnisons dans les places fortes 193.182^l 19^s................	10.889	10	0	12.213	9	6
Etapes et voitures fournies aux troupes 214.782^l 3^s 2^d........	12.288	17	6	13.782	18	5
Mortes payes 27.335^l 4^s........	1.540	16	9	1.728	3	9
Dettes et affaires du pays 4.351.429^l 9^s 10^d...........	245.987	8	4	275.893	16	1
Frais d'Etat 234.240^l..........	13.203	16	9	14.809	4	1
Gratifications extraordinaires et debet des comptes des officiers du pays 129.945^l............	7.324	17	6	8.215	9	0

ge 69).

POSITIONS.

Etats de Languedoc, 1768-1769).

RÉPARTITION pour le diocèse D'AGDE			RÉPARTITION pour le diocèse DE LODÈVE			RÉPARTITION pour le diocèse DE SAINT-PONS			DATE de la signature des comptes PAR R. DE DURFORT
l	s	d	l	s	d	l	s	d	
14.769	17	2	14.384	9	10	14.348	6	6	5 décembre 1768
4.741	11	7	4.614	13	4	4.606	5	10	5 » »
78.236	0	7	76.141	19	5	76.003	18	2	5 » »
5.551	9	11	5.402	17	4	5.393	1	4	28 » »
6.264	17	8	6.097	3	9	6.086	1	9	28 » »
785	10	0	764	9	8	763	2	1	3 janvier 1769
125.404	13	11	122.047	18	6	121.825	12	11	2 » »
6.731	6	3	6.551	2	9	6.539	5	1	9 décembre 1768
3.734	4	4	3.634	5	2	3.627	13	6	28 » »

N

TABLEAU DES OPT...

(Reg. des Bénéfices et Ré...

NOMS ET PRÉNOMS	TITRES DES BÉNÉFICIERS	DATE DE L'OPTION
Bouvairon (*Antoine*).........	curé de St-Denis de Ginestet.. *(habitant à Lansargues)*	24 février 177.
Broussonnet (*Jean-Fuleran*).	curé de Lattes...............	7 décembre 17
Cambon (*Laurens*)..........	curé de Soriech.	20 décembre17
Chalbos (*Pierre*)...........	curé de Prades	7 octobre 176
Chastanier (*Louis*).........	curé de Grabels............	6 octobre 176
Croze (*Joseph*).....	curé de St-Jean de Cuculles...	10 octobre 177
Dartis (*André*)...........	curé de N.-D. de Londres.....	30 décembre17
Deleuze (*François-Louis*)...	curé de Brissac.....	10 novembre17
Fabre (*Jean-Pierre*).......	curé de Montaubérou...... ...	23 septemb e 17
Féraud (*Jacques*)...........	curé de St-Jean de Védas. ...	19 janvier 1773
Fouilhé (*Pierre-Jean*)......	curé de N.-D. de la Serre et de St-Germain *(diocèse de St-Pons)*.	2 décembre17
Foulquier.................	curé de Cazillac.............	8 janvier 177
Granier..................	curé de d'Agonez............	14 juin 1769
Guy (*Barthélemy*).........	curé de St-Martin de Londres.	22 décembre17
Lavabre.....	curé de St-Bauzille de Putois..	23 juillet 1770
Liquier....................	curé de St-Bauzille de Montmel.	23 janvier 177
Mairoys (*François*)........	curé de Cournonterral........	3 octobre 176
Delhaye (*Jean-André*).....	curé de Villeneuve-les-Maguel.	3 octobre 176
Deydier (*Jacques*)	curé de Lunel-Viel...........	2 novembre17
Martin (*Maximin*).........	curé de Cazevieille..........	7 octobre 177
Mazel (*Jean-Jacques*)......	curé de St-Martin de Tréviers.	30 janvier 1770
Marin (*Jean-François*).....	curé des Bains de Balaruc.....	8 novembre17
Peyronet (*Antoine*)........	curé de Saint-Clément.......	28 décembre17
Prieur.......	curé de St-Gély du Fesc...	2 août 1769
Robert (*Guillaume*)........	curé de N.-D. de Mauguio....	27 septembre 177
Robert (*Jacques*)..........	curé de Ganges.....	15 décembre17
Poussigue (*Jacques*).......	curé de Saint-Brès...........	10 octobre 1769
Salavy (*Jean-Jacques*)......	curé de Combaillaux.........	2 octobre 1769
Sauvaire (*Guillaume*)......	curé de Clapiers............	20 octobre 1769
Ségur (*Victor*)...........	curé de Lavérune............	7 octobre 1769
Servel (*Pierre*)...........	curé du Château de la Roquette	22 décembre17
Solier (*Bathélemy*)........	curé de Lansargues..........	15 décembre17
Sudre (*Jean*).............	curé de Baillargues..........	3 octobre 1769
Taillefer.................	curé de St-Geniès et Ste-Colombe	22 septembre 176
Taillefer (*Jean*)...........	curé de Sussargues..........	24 janvier 1772

g. 74).

ÛR LES NOVALES

inuations ecclésiastiques).

PRIEURS PRIMITIFS	PRODUIT DES NOVALES ET OBSERVATIONS
Chapitre cathédral	Novales abonnées à 6¹. — Ni revenu ni terre.
id.	N'a jamais reçu de novales. *id.*
id.	Renonce aux novales ; mais comme il est sans revenu, il réclame le maintien des dépenses de la sacristie (22¹) et le salaire du clerc (50¹).
id.	Novales abonnées 60¹. — Aucun autre revenu ni terre.
id.	Novales affermées 20¹. — Ne possède aucun terrain.
Evêque de Montpellier	Abandonne les novales : jouit de deux olivettes et de deux terres hermes chargées de fondations.
Chapitre cathédral	Aucun terrain. Rendra compte de la dîme du blé.
Evêque de Montpellier	Novales abonnées à 30¹. Jouit d'un lambeau de terre appartenant à la cure.
Chapitre cathédral	A renoncé aux novales.
Evêque de Montpellier	Ni fonds, ni revenus.
Chapitre cathédral	Ni revenu, ni terres.
Evêque de Montpellier	Terres chargées de fondations.
id.	Trois petites terres chargées de fondations.
Bénédictins de S¹-Guilhem	Opte, sous réserves. Trois petites terres chargées de fondations.
Evêque de Montpellier	Novales abonnées 60¹, petit jardin et maison, contigus, appartenant à la communauté. — Une terre g.evée d. fondations.
Religieuses de la Visitation	Les novales 50¹ par an. Un petit champ chargé de fondations.
Chapitre cathédral	Aucun revenu ni fonds.
id.	*id.*
id.	*id.*
Evêque de Montpellier	Aucun droit aux novales. — Un petit jardin.
id.	Novales 120¹. Un petit jardin potager.
Chapitre cathédral	Ni fonds, ni terre.
Bénédictins d'Aniane	Petit jardin attenant à la cure.
Chanoine chantre de la cath.	Abandonne novales, fruits et autres revenus.
Evêque de Montpellier	Abandonne novales. Jouit de la cure.
id.	Jamais eu de novales. Deux petites terres chargées de fondations.
Chapitre cathédral	Renonce aux novales.
id.	Ne jouit d'aucun revenu et d'aucune terre.
id.	*id.*
id.	*id.*
Bénédictins de S¹-Guilhem	N'a rien à abandonner : 22¹ 10* pour la sacristie, 40¹ pour le clerc.
Chapitre Saint-Sauveur	N'a jamais perçu de novales. — Ni terres, ni revenus.
Chapitre cathédral	Novales 20¹ environ. — Ni fonds, ni revenus.
Princesse de Saint-Geniés	Abandonne les novales et autres petits revenus.
Chapitre cathédral	Renonce aux novales et à toute dîme.

N° XII (Page 80).

POUILLÉ DES JUGEMENS

rendus par le Bureau diocésain du diocèse de Montpellier concernant les revenus et charges de tous les bénefficcs, communautés sécullières et regullières de l'un et de l'autre sexe et tous autres contribuables du Diocèse aux impositions du Clergé.

BÉNEFFICES A RÉSIDENCE ET A CURE D'AME.

TITRE DU BÉNÉFICE	MONTANT DU REVENU	MONTANT DES CHARGES	RESTE NET
N° 1 L'évêché de Montpellier.....	41.446ᵗ 19ˢ 1ᵈ	12.931ᵗ 11ˢ 2ᵈ	28.515ᵗ 7ˢ 11ᵈ
Prieurés-Cures.			
2 Le prieuré Cure de Sᵗ-Just et Sᵗ-Pasteur.................	2.200	1.000	1.200
3 Notre–Dame de Saturargues	765	136	629
4 S.-Christofle de Cournonsec.	824 4	294 15	530 11
5 Sᵗᵉ-Maiguerite de Montlaur et Sᵗᵉ-Marie de Montaud, son annexe..............	1.010	360	650
6 S.-Martial d'Assas..........	900	200	700
7 S.-André de Teyran........	850	382	468
8 S.-Laurens de Boisseron....	1.200	224	976
9 S.-Nazaire de Busignargues et N.-D. de Gallargues, son annexe..................	1.161	325	836
10 S.-Barthélemy de Garrigues.	600	150	450
11 S.-Martin de Campagne.....	755	157 10	597 10
12 S.-Paul de Montcamel.......	1.223	323	900
13 S.-Michel de Guzargues.....	1.500	300	1.200
14 S.-Césaire de Restinclières..	703	204 10	498 10
15 S.-Arède de S. Sériès........	755 17	220	535 17
16 Sᵗᵉ-Croix de Murles........	650	100	550
17 S.-Etienne de Montferrier...	821	221	600
18 Sᵗᵉ-Foy de Vailhauquez......	900	100	800
19 S.-Michel de Mujolan........	574	124	450
20 S.-Vincens de Barbeyrargues	676	226	450 9
21 S.-Jean de La Roque Aynier.	597	115	482
22 S.-Martin du Crès..........	436	100	336
23 S.-Pierre de Jacou.........	350	100	250
24 S.-Brice de Lauret.........	700	100	600
25 N.-D. des Matelles.........	420	120	300
26 S.Pierre-aux-liens de Beaulieu	650	225	425

TITRE DU BÉNÉFICE	MONTANT DU REVENU	MONTANT DES CHARGES	RESTE NET
N°⁵ 27 S.-Jean de Cornies............	300	100	200
28 S.-Hillaire de Beauvoir......	196	35	161
29 S.-Sébastien de Cessenas *sive* le Triadou...............	414 10	80 10	334
30 S.-Barthélemy de Baillarguet	196 15	35	161 15
31 N.-D. d'Aleyrac............	300	100	200
Vicairies.			
32 S.-Jean-Baptiste d'Aniane...	800	400	400
33 S.-Genest de Gigean........	600	300	300
34 SS.-Aciscle et Victoire de Mudaison..........	476 15	176 15	300
35 S.-Maurice de Balaruc.......	635	335	300
36 S⁺⁵-Croix de Celleneuve......	837 10	187 10	650
37 S.-Vincent de Poussan......	1.322	822	500
38 S.-Martin de Vabredonnées de La Boissière..........	550	250	300
39 S.-Pierre de Puechabou.....	700	300	400
40 S.-Blaise de Candillargues...	737	300	437
41 S.-Jean-Baptiste de Montbazin	800	300	500
42 S.-Jean-Baptiste de Saussan.	640	100	540
43 S.-Etienne d'Argelliers......	620	220	400
44 S⁺⁵-Agathe de Valergues.. ..	395	100	295
Cures.			
45 S.-Pierre de Montpellier.....	1.750	1.030	720
46 Notre-Dame de Montpellier.	4.179	2.110	2.069
47 S⁺⁵-Anne de Montpellier.....	1.500	900	600
48 S-Denis de Montpellier......	1.004 16	664 16	340
49 Notre-Dame de Frontignan.	660	100	550
50 Notre-Dame de Lunel.......	1.100	600	500
51 Notre-Dame de Mauguio....	400	100	300
52 S.-Jacques de Mauguio......	400	100	300
53 S.-Pierre de Ganges........	550	106	444
54 S.-Etienne de Viols-le-Fort..	400	100	300
55 S.-Etienne de Villeneuve-lez-Maguelone...............	380	100	280
56 S.-Laurent de Lattes.......	310	100	210
57 S.-Michel de Montels, près Montpellier..............	300	100	200
58 S.-Etienne de Souriech......	300	100	200
59 S.-Hilaire, près Montpellier.	300	100	200
60 S.-Marcel de Montpellier....	300	100	200
61 S.-Pierre et SS.-Paul de Montauberou...............	300	100	200
62 S.-Jean-Baptiste de Castelnau	300	100	200
63 S.-Julien et S⁺⁵ Basilice de Grabels..............	300	100	200
64 S.-Laurent de Pérols........	300	100	200
65 SS.-Gervais et Protais de Juvignac.................	300	106	200

F. S.

TITRE DU BÉNÉFICE	MONTANT DU REVENU			MONTANT DES CHARGES	RESTE NET		
N°° 66 S.-Pierre-aux-Liens de Lavérune.	331			100	231		
67 S.-Jean-Baptiste de Védas ..	300			100	200		
68 Notre-Dame des Bains de Balaruc.	300			100	200		
69 Ste-Eulalie de Mireval.	300			100	200		
70 Ste-Léocadie de Vic.	300			100	200		
71 S.-Pierre-aux-Liens de Cournonterral.	340			100	240		
72 S.-Jean de Cuculles.	300			100	200		
73 S.-Etienne de Cazevieille.	303			100	203		
74 S.-Antoine de Clapiers.	300			100	200		
75 S.-Clément de Rivière	332			100	232		
76 S.-Jacques de Prades.	300			100	200		
77 S.-Gély du Fesc.	327			100	227		
78 S.-Geniès des Mourgues.	300			100	200		
79 S.-Etienne de Castries.	330			100	230		
80 S.-André de Vérarques.	300			100	200		
81 S.-Martin de Lansargues.	400			100	300		
82 S.-Nazaire de Pezan.	315			100	215		
83 S.-Vincent de Lunel-Viel.	400			100	300		
84 S.-Sauveur de Moutels, près Lunel.	300			100	200		
85 S.-Brice de S.-Brès.	300			100	200		
86 SS.-Julien et Basilisse.	311			100	211		
87 S.-Théodoret de Vendargues.	300			100	200		
88 S.-Barthélemy de Leyrargues	300			100	200		
89 Notre-Dame d'Auroux.	300			100	200		
90 S.-Denis de Ginestet.	300			100	200		
91 S.-Etienne de Saussines.	300			100	200		
92 Notre-Dame de Gourniès.	300			100	200		
93 S.-Jacques de Fabrègues.	300			100	200		
94 S.-Georges d'Orques.	317	12		100	217	12	
95 S.-Jean-Baptiste de Murviel.	322	8	4	100	222	8	4
96 Notre-Dame de Pignan.	350			100	250		
97 S.-André de Saugras.	300			100	200		
98 Notre-Dame de Montarnaud.	300			100	200		
99 SS.-Nazaire et Celse de Brissac	385			100	285		
100 S.-Bauzille de Putois.	356			100	256		
101 Dotre-Dame de Londres.	300			100	200		
102 S.-Etienne de Gabriac.	300			100	200		
103 S.-Gerauld du Château de la Roquette.	300			100	200		
104 S.-Julien et Ste-Basilisse de de Combaïlhaux.	300			100	200		
105 S.-Léon de Cazilhac.	300			100	200		
106 S.-Saturnin d'Agonez.	310			100	210		
107 S.-Jean de Buèges.	314			100	214		
108 S.-André de Buèges.	300			100	200		
109 S.-Etienne d'Isseusac.	332			100	232		
110 Notre-Dame de Pégairolles.	300			100	200		
111 Notre-Dame de Frouzet.	329	8	6	100	229	8	6

TITRE DU BÉNÉFICE	MONTANT DU REVENU	MONTANT DES CHARGES	RESTE NET
Nᵒˢ 112 N.-D. du Causse de la Selle	300	100	200
113 S.-Matthieu de Triviés......	300	100	200
114 S.-Pierre de Valflaunès.....	300	100	200
115 S.-Bauzille de Montmel.....	301 10	100	201 10
116 Sᵗᵉ-Croix de Quintillargues..	330	100	230
117 S.-Martin de Londres.......	382	114	568
118 S.-Dréséry..............	303	100	203
119 S -Martin de Sussargues....	300	100	200
Bénéfices de Chœur.			
120 Le Chapitre de l'église cathédrale S.-Pierre de Montpellier..................	87.979 17 9	44.737 3 4	43.242 14 5
121 La prévôté de l'Église Cathédrale S.-Pierre de Montpellier, dépendant de la mense capitulaire.........	4.475	1.475	3.000
122 L'archidiaconé de Castries, dépendant de la mense cap.	2.100	600	1.500
123 La Chantrerie du Chapitre Cathédr., dépendant de la mense capitulaire.........	1.700	550	1.150
124 La Sacristie de la Cathédr., dépendant de la mense cap.	1.550	673	877
125 L'Aumônerie du Chap. Cath.	1.005	640	365
126 Le Chapitre collégial de la Sᵗᵉ-Trinité.............	4.489 7 3	1.146 5	3.343 2 3
127 Le Chap.collégial S.-Sauveur	3.678 6 2	1.190 8	2.487 18 2
128 Le Chapitre collégial de Sainte-Anne.............	1.514 10	457 15	1.056 15
129 Le Collège Saint-Ruf de Montpellier.............	5.420	1.420	4.000
130 Le Prieuré simple de S.-Jacques de Mauguio.........	1.219 10	690 10	529
131 Les Syndics et Chapelains de la Chapelle royale du Palais, à Montpellier......	900 6 4	600	300 6 4
132 Les Religieux Bénédictins de l'Abbaye d'Aniane.....	18.861 15 4	6.861	12.000 15 4
133 Le Chapitre des Religieux Bénédictins de l'Abbaye de S. Guilhem le Désert, au diocèse de Lodève........	181	2	178 12
134 L'Abbé commendataire, les Prieur et Religieux de l'Abbaye N.-D. de Franquevaux, Ordre de Citeaux de la filiation de Morimont, diocèse de Nimes.........	97	7	90
134 *(bis)* Le Prieuré de Grandmond, uni au Séminaire de Montpellier.	2.234 13 6	1.977	257 13 6

TITRE DU BÉNÉFICE	MONTANT DU REVENU	MONTANT DES CHARGES	RESTE NET
135 Le Prieuré simple et régulier de Ste-Croix de Quintillargues et Fontanès, son annexe..................	980	510	470
136 Le Prieuré de S.-Vincent de Poussan..................	3.067	570	2.497
137 Le Prieuré simple et régulier de S.-Martin de Londres et de S.-Guiraud du Château de Londres et de N.-D. de Frouzet, son annexe......	2.660	1.460	1.200
138 Le Prieuré simple et conventuel de S.-Michel de Grémian et de N.-D. de Frouzet.....	1.068	500	568
139 Le prieuré simple des SS. Côme et Damien de Candillargues...............	1.767 10	916	851 10
140 Le Prieuré simple de Ste-Agathe de Valergues......	832 16	64 15	768 1
141 Le Prieuré simple de S.-Étienne de Saussines......	714	340	374
142 Le Prieuré simple de Stes-Asiscle et Victoire de Mudaison..................	717	317	400
143 Le Prieuré rural et sans cure de S.-Martin de Coulombs lez-Fabrègues............	750	175	575
144 La Mense abbatiale et Religieuses de l'Abbaye de S.-Félix de Montceaux-Lez-Gigean..................	3.054	1.554	1.500
145 La Mense abbatiale et Religieuses de l'Abbaye S.-Geniès des Mourgues........	1.910	710	1.200
146 La Mense abbatiale et Religieuses de l'Abbaye du Vignogoul, Ordre de S. Bernard, de la filiation de Citeaux......................	3.384	2.584	800
147 Le Chapitre de l'Église Cath. S.-Nazaire de Béziers......	492	264	227 17 6
Bénéfices simples			
148 La Mense abbatiale de l'abbaye S.-Sauveur d'Aniane, Ordre de S. Benoit, Congrégation de S. Maur........	6.859 19 8	900	5.959 19 8
149 Le Prieuré simple de N.-D. de Montarnaud............	1.605	545	1.060
150 Le Prieuré simple de S.-Jean-Baptiste de Montbazin.....	925	123	802

TITRE DU BÉNÉFICE	MONTANT DU REVENU			MONTANT DES CHARGES			RESTE NET		
151 Le Prieuré simple de S.-Jean d'Antonègne.	232	9		15			217	9	
152 La Commenderie du S.-Esprit	435	16	3	60			375	16	3
153 La Commenderie de S.-Antoine de Cadoule	516			100			416		
154 La Chapelle Ste-Foy de Montpellier	160			31	4		128	16	
155 La Chapelle de la Maison consulaire de Montpellier.	205	11		112	16		92	15	
156 La Chapelle de S.-Yves, en S.-Denis de Montpellier	12	11	6	3	18		8	13	6
157 La Chapelle S.-Sauveur et S.-Etienne, en S.-Denis de Montpellier	7			3	12		3	8	
158 La Chapelle Ste-Barbe, en S.-Firmin de Montpellier	22	7	6	15			7	7	6
159 La Chapelle S.-Michel en S.-Firmin de Montpellier	153	4	8	49	12		103	12	8
160 La Chapelle S.-Georges en S.-Firmin de Montpellier	503			150	18	10	352	1	2
161 La Chapelle S.-Suffre, à N.-D. des Tables de Montpellier.	46			7	4		38	16	
162 La Chapelle S.-Suffre, fondée dans l'Eglise ruinée de Ste-Croix de Montpellier	79			27			52		
163 La Chapelle de N.-D. de Consolation, en S.-Nicolas, de Montpellier	3			6			2	14	
164 La Chapelle du S.-Esprit et Ste-Anne, en S.-Paul	2			6			1	14	
165 La Chapelle de S.-Joseph, à S.-Pierre de Montpellier	120			117	6		2	14	
166 Les quatre chapelains des Chapelles fondées deux en Ste-Croix et deux en N.-D. des Tables, à Montpellier	16			2	8		13	12	
167 La Chapelle de S.-Bernard, en hôpital général de Montpellier.	300			109	16		190	4	
168 La Chapelle N.-D. de Bethléem, en S. Paul de Montpellier	84	13	9	17	14		66	19	9
169 La Chapelle S.-Matthieu, en l'église S.-Matthieu de Montpellier	438			293	3	6	144	16	6
170 La Chapelle Ste-Catherine en l'église ruinée de Ste-Croix	15			3	12		11	8	
171 La Chapelle S.-Nicolas, en N.-D. des Tables	90			15	12			8	
172 La Chapelle N.-D. de Bethléem en l'église Ste-Catherine de Montpellier	7	13	5	3	6		4	7	5

TITRE DU BÉNÉFICE	MONTANT DU REVENU	MONTANT LES CHARGES	RESTE NET
173 La Chapelle N.-D. du Paradis, en l'église des Religieuses de Sainte-Claire de Montpellier	88	50	38
174 La Chapelle de N.-D. de l'Annonciade, en N.-D. des Tables	97 7	5 5	12 2
175 La Chapelle S.-Pierre de la Salle Épiscopale	26	9	17
176 La Chapelle des SS.-Innocents, en N.-D. des Tables	17	1 16	5 4
177 La Chapelle Ste-Catherine, en N.-D. des Tables	8	1 16	6 4
178 La Chapelle S.-Sauveur et S.-Jean-Baptiste, en N.-D. des Tables	12	1 16	10 4
179 La Chapelle S.-Jean et S.-Jacques et la Chapelle du S.-Sépulcre, en Ste-Anne, dont le service a été transféré à l'Eglise S.-Pierre de Montpellier	64 2 6	52 6	11 16 6
180 La Chapelle S.-Jean l'Evangéliste, en S.-Firmin	253 10	159 4 6	94 5 6
181 La Chapelle ou Prieuré de S.-Loup	30		30
182 La Chapelle du Château du Bosc, diocèse de Montpellier	140	40	100
183 La Chapelle de N.-D. de la Visitation, en S.-Pierre	209	120	80
184 La Chapelle N.-D. de Grâce, en l'hôpital St-Eloi	18	7 4	10 16
185 La Chapelle Ste-Anne, en Ste-Anne de Montpellier	4	6	3 14
186 La Chapelle S.-Michel, en N.-D. des Tables	1	6	14
187 La Chapelle de N.-D. de Bethléem, en l'église Ste-Catherine	96 10	43	53 10
188 La Chapelle, ou obit, fondée en l'honneur de S.-Antoine, en l'église ruinée S.-Firmin	13 3 6	4 10	8 13 6
189 La Chapelle S.-Fulcran et S.-Honoré, en S.-Firmin	9 7 6	3 12	5 15 6
190 La Chapelle S.-Marc, en l'église ruinée S.-Firmin	85	31 4	53 16
191 La Chapelle Ste-Catherine, en N.-D. des Tables	16	1 16	14 4
192 La Chapelle de S.-Jean-l'Evangéliste, en N.-D. des Tables	40	13	27

TITRR DU BÉNÉFICE	MONTANT DU REVENU	MONTANT DES CHARGES	RESTE NET
193 La Chapelle Ste-Marthe, en l'église ruinée S.-Sauveur au Faubourg de Montpellier	9	3 12	5 8
194 La Chapelle S.-Etienne, en l'église S.-Barthélemy.....	8	2 14	5 6
195 La Chapelle S.-Hilaire, en l'église N. D. des Tables..	55	15 12	39 8
196 La Chapelle fondée dans N.-D. de Pégairolles et la Chapelle fondée dans l'église ruinée de S.-Jaume de Montpellier.	50	10	40
197 La Chapelle S.-Pierre de la Tribune, en N.-D. des Tab. et la Chapelle S.-Eloy, en l'hôpital S.-Eloy de Montpellier....................	4 18	1 16	3 2
198 La Chapelle de la Triomphante Assomption, en N.-D. des Tables.............	40	3 12	36 8
199 La Chapelle S.-Jean-Baptiste en l'église S.-Etienne de Villeneuve-lez-Maguelone.	89 16	39 16	50
200 La Chapelle Notre-Dame des Oliviers, hors les murs de Villeneuve-lez-Maguelone.	50 8 3	20 12	29 16 3
201 La Chapelle Ste-Anne, en S.-Paul de Frontignan.......	300	232	68
202 La Chapelle S.-Antoine, à Frontignan...............	75	47 4	27 16
203 La Chapelle S.-Benoit, en l'église de l'abbaye d'Aniane......................	54	9	45
204 La Chapelle S.-Pierre, à Aniane...	36	12	24
205 La Chapelle S.-Antoine, en S.-Jean d'Aniane.........	30	20	10
306 La Chapelle S.-Lazare, à Aniane..................	18 16 2	15 16 2	3
307 La Chapelle S.-Etienne, à Argelliers................	91	46 16	44 4
208 Les deux Chapelles de N.-D, en l'église de Viols-le-Fort.	86	36	50
209 La Chapelle N.-D. du Rosaire, en l'église de Viols-le-Fort...................	88	46 16	41 4
210 La Chapelle Ste-Croix, en S.-Martin de Londres.......	81 10	30	51 10
211 La Chapelle S.-Martin, en l'église paroiss. de Ganges.	53	31 4	21 16
212 La Chapelle S.-Georges, en l'église paroiss. de Ganges.	26 10	13 10	13

TITRE DU BÉNÉFICE	MONTANT DU REVENU	MONTANT DES CHARGES	RESTE NET
213 Les Chapelles N.-D. de Pitié, S.-Barthélemy et la Sainte-Hostie, en l'église paroiss. de Ganges	16	3 12	12 8
214 Les Chapelles fondées dans la paroisse de Ganges dépendant de la Collég. de Sumène	26	6	20
215 La Chapelle S.-Blaise en l'église de Ganges	13	3 18	9 2
216 La Chapelle S.-Antoine, en S.-Bauzille de Putois	110	26	84
217 La Chapelle S.-Raphaël, à Triviès	106	30	76
218 Les Chapelles S.-Laurent, S.-Jacques, S.-Pierre et autres petites Chapelles, en l'église paroiss. de Lunel	85	15 12	69 8
219 Les Chapelles S.-Antoine et S.-Blaise de Rames, en la ville de Lunel-Viel	45	21 12	23 8
220 Les Chapelles S.-André et S.-Claude, à Lunel-Viel	24	11 4	12 16
221 La Chapelle de la S-Trinité, en l'église N.-D. du Lac, de la ville de Lunel	21 5	6	15 2
222 Les Chapelles S.-Paul, en l'église S.-Paul de Montpellier ; — S.-Fructus, S-Croix, S.-Jean-Baptiste, S.-Marc, S.-Michel, S.-Joseph, N.-D. du Lac, dans l'église paroissiale de Lunel	5 3 9	3	2 3 9
223 La Chapelle S.-Sébastien, en l'église de S.-Just	15	5	10
224 La Chapelle N.-D. et des Onze mille Vierges. en l'église paroissiale de Pignan	100	15 12	84 8
225 La Chapelle S.-Pierre, S.-André et Amans, en l'église paroissiale de Mauguio	41 2	12	40 10
226 La Chapelle S-Catherine de l'Anche, en l'église paroiss. de Mauguio	53	12 4	40 16
227 La Chapelle S.-Claude, en S.-Jacques de Mauguio	33	12	21
228 La Chapelle de l'Hostie, à S.-Geniès des Mourgues	90	29	61
229 Les Chapelles S.-Blaise, S-Catherine et S.-Martial, en l'égl. paroiss. de Poussan	90	5	85
230 La Chapelle S.-Saturnin, en l'église de Vailhauquez	25	15 12	9 8

TITRE DU BÉNÉFICE	MONTANT DU REVENU	MONTANT DES CHARGES	RESTE NET
231 La Chapelle S.-Jean-Baptiste, en l'église de Saussan.....	25	3 12	21 8
232 La Chapelle de la Passion, en l'église de Saussan.....	80 5	61 16	18 9
233 La Chapelle S.-Léonard de Fontmagne, paroisse de Castries................	15	6	9
234 La Chapelle Ste-Catherine, en l'église par. de Castries.	16	3 12	12 8
235 La Chapelle du Château de Castries.................	300	20	280
236 La Chapelle S.-Antoine, de Saturargues.............	30	15	15
237 La Chapelle N.-D.,en l'église de Montbazin	94	89 4	4 6
238 La Chapelle S.-Joseph, en l'église paroiss. de N.-D. de Londres..............	277 11	77 11	200
239 La Chapelle S.-Michel, en l'église par. de Lansargues	12 10	3 12	8 18
240 La Chapelle de l'Hostie, en l'église par. de Lansargues	135	85	50
241 La Chapelle S.-Michel, en l'église paroiss. de Mireval.	210 10	120 10	90
242 La Chapelle S.-Sébastien, en l'église par. de Valergues..	18	13	5
243 La Chapelle S -Jean, en l'église de Castelnau........	62	30	32
244 La Chapelle S.-Jean-Baptiste en l'église de Lunel-Viel..	37 10	27 10	10
245 La Chapelle Notre-Dame de La Palud,en l'égl. de Lattes	130	60	70
246 La Chapelle Notre-Dame, en l'ég.de S -Jean, de Murviel.	16	6	10
247 La Chapelle Notre-Dame et St-Marie-Magdeleine, en l'église S.-Pierre de Cournonterral....	16 13	3	13 13
Communautés religieuses			
248 Les Jésuites du Collège Royal de Montpellier......	9.272 7 10	1.750	7.522 7 10
249 Les Frères Prêcheurs de Montpellier..............	2.370 4	1.444	924 4
250 Les Oratoriens,directeurs du Séminaire de Montpellier..	2.642	1.725 1 6	916 18 6
251 Les Augustins de Montp ..	2.130 17	1.502 3 10	628 13 2
252 Les Trinitaires de Montp...	1.127 16 6	235	892 16 6
253 Les Religieux de l'Ordre de de N.-D. de la Merci pour la Rédemption des Captifs, du Couvent de Montpellier.	650 19 2	176 18 10	477 » 4

TITRE DU BÉNÉFICE	MONTANT DU REVENU	MONTANT DES CHARGES	RESTE NET
254 Les Carmes du Palais (ou Grands Carmes)........	1.914	948	966
255 Les Observantins de S.-François de Montpellier........	1.493 17 10	881	912 17 10
256 Le Monastère de laVisitation Sainte-Marie, auquel est unie l'Abbaye détruite de Ste Catherine.............	6.048 13	1.848 16 5	4.199 16 7
257 Le premier Couvent Ste-Ursule de Montpellier........	3.592 20	1.602	1.990 10
258 Le second Couvent Ste-Ursule de Montpellier...........	2.961 17	989 10	1.972 7
259 Le Monastère Ste-Catherine de Montpellier, auquel est unie l'ancienne abbaye ruinée de S. Guilhem........	3.355 8	1.461 18	1.893 10
260 La Maison de la Providence de Montpellier...........	881	390	491
261 Le Couvent du Refuge de Montpellier..............	2.724 17 2	974	1.750 17 2
262 Les Marguilliers et Ouvriers de la Paroisse Notre-Dame des Tables de Montpellier.	1 625 7 9	1.110	515 7 9
263 La Dévote Confrérie séculière Notre-Dame, S.-Claude du Charnier et Charité S.-Barthélemy, de service dans la petite église des Carmes déchaussés, hors les murs de Montpellier............	515 2 9	115	400 2 9
264 Les Carmes de Lunel......	601 17 2	219	382 17 2
265 Les Frères Mineurs de Ganges.....................	210	45	165
266 Les Marguilliers de l'Œuvre de Frontignan............	273 10	129 10	144
267 Les Capucins de Montpellier			Mémoire
268 Les Carmes déchaussés de Montpellier.			—
269 Les Récollets du Couvent de Montpellier..............			—
270 Les Récollets du Couvent de la Citadelle de Montpellier.			—
271 Les Cordeliers de Lunel....			—
272 Les Capucins de Frontignan			—
Total du revenu net.......	....	....	195.853

N° XIII (Page 108).

AUTORISATION

ACCORDÉE A Mgr L'ÉVÊQUE DE VALENCE,

POUR LA SUPPRESSION ET LA SÉCULARISATION DE MM. DE SAINT-RUF

Raymond de Durfort par la grâce de Dieu et du St-Siège apostolique Evêque de Montpellier, Comte de Mauguio et de Montferrand, Marquis de la Marqueroze, Baron de Sauve, Conseiller du Roy en tous ses Conseils, *etc*. — A tous ceux qui ces présentes verront, Salut. — Scavoir faisons que vû la Bulle de N. S. P. le pape Clément XIV, donnée le mois de février dernier au sujet de la suppression et sécularisation de l'ordre des Chanoines réguliers de la Congrégation de St-Ruf, les Lettres patentes du 12 juin accordées pour l'enregistrement de ladite Bulle ; l'Arrêt d'enregistrement desdites Lettres patentes et Bulle ; différentes lettres à nous écrites par Mgr l'Evêque de Valence , — Nous avons approuvé et consenti, approuvons et consentons en tant que besoin est, et qu'il dépend de nous, et même prions mondit Seigneur l'Evêque de Valence de comprendre dans son décret de suppression de l'ordre de St-Ruf et de la sécularisation de ses membres le Sr Jean-Baptiste Maulandy, prêtre chanoine dudit ordre, demeurant dans ce diocèse depuis bien des années, quoique il n'y soit ni en qualité de bénéficier, ni de conventuel, mais seulement pour gérer les biens du collège, et généralement tout ce qui concerne lesd. suppression et sécularisation pour ce diocèse, bénéfices simples et ceux à la charge des âmes ; auxquelles ladite Bulle nous autorisait de procéder, lui cédant à cet effet toute l'authorité et pouvoir à nous par elle conféré. — En foy de quoy nous avons signé et fait contre-signer par notre secrétaire les présentes et y avons fait apposer le sceau de nos armes.

A Montpellier le septième janvier 1774.

† R. Evêque de Montpellier

Lambert, Secrétaire.

N° **XIV** (Page 118).

CHAPITRE DE L'EGLISE METROPOLITAINE
DE BESANÇON

(*La France chevaleresque et chapitrale*. Paris, Leroy, 1787, pag. 156).

Ce Chapitre relève immédiatement du Saint-Siége ; on ne peut .y être admis que par la voie de la noblesse ou du grade, suivant les anciens statuts de cette Eglise, confirmés par lettres-patentes du Roi, du mois de décembre 1684. — Ceux qui se présentent comme nobles, doivent faire preuve de seize quartiers de noblesse, dont huit du côté paternel et huit du côté maternel ; on n'accorde absolument aucune dispense. Ceux qui se présentent comme gradués doivent être docteurs en théologie ou en droit-canon, et être fils de père noble ou gradué ; ils ne sont reçus qu'après avoir subi un examen en présence du Chapitre.— Les Chanoines portent l'habit violet, comme les évêques ; et, par brevet du 2 mars 1779, le roi leur a permis de porter une croix d'or émaillée, à huit pointes boutonnées anglées à quatre fleurs-de-lys ; le médaillon du milieu représente d'un côté St-Jean l'Evangéliste et S-Etienne, avec cette légende : *Insigne illustris Ecclesiæ Metropolitanæ Vesontinæ*, et de l'autre, St-Louis, avec ces mots : *A Rege Ludovico XVI concessum.* — Elle est suspendue à un ruban violet moiré et liseré d'or. — Le Chapitre confère les quatre Dignités et les quatre Personnats. — Les Canonicats sont alternativement à la nomination du Pape et du Chapitre, qui confère seul la prébende théologale par voie de concours. — Les quatre Dignités sont : le Grand-Doyen, le Grand-Archidiacre, le Grand-Chantre et le Grand-Trésorier. — Les Personnats sont : le second, le troisième, le quatrième et le cinquième Archidiacre.

N° XV (Page 149).

EXTRAIT

DES REGISTRES DE LA MUNICIPALITÉ DE BESANÇON.

(Tom. III, folios 68 et 69).

Du jeudi 21 avril 1791. — Présents MM. Nodier, maire, Guiraud, Poulet, Barbaud, Bogillot, Jobard, Guillemet, Louvet, Charles Dechevrand, Bouchey, Tuvrard, Guillaume Dufresne, Dangel, procureur de la commune et Penotet, substitut. Absent, M. l'abbé Millot.

En suite d'une délégation faite à la municipalité par MM. du Directoire du département et d'après l'avis qu'en ont donné MM. Bouvenot et Mugnier députés du Directoire, que M. Seguin évêque métropolitain, élu constitutionnellement par le suffrage libre des citoyens de ce Diocèse, devait arriver vendredi 29 du présent mois, ou le lendemain au plus tard, la Compagnie, chargée par les Décrets de l'Assemblée nationale qu'a sanctionnés le Roi, de mettre ce prélat en possession de sa Dignité, et cette possession nécessitant la remise du palais épiscopal, forcé par des circonstances impérieuses, elle a délibéré d'inviter M. Durfort, ancien archevêque, à évacuer et rendre libre ledit Palais épiscopal pour mercredi 27, et de prier ce prélat d'en donner la soumission par écrit dans les 24 heures. A cet effet, elle a député MM. Guillemot, Louvet, Dechevrand et Bouchey, qui ont été priés de se rendre en écharpes, auprès de M. Durfort, pour lui faire part de la présente délibération.

Du lundi 25 avril. — MM. les commissaires à M. Durfort, ancien archevêque, ont fait rapport de la remise qu'ils ont faite à ce prélat de la délibération prise le 21 de ce mois, ayant pour objet de lui faire évacuer la maison épiscopale, et il a été fait lecture de la réponse qu'y a attribuée M. Durfort, de laquelle la teneur suit :

Messieurs, Pour répondre à la délibération prise le 21 de ce mois par MM. les officiers municipaux, et qui me fut remise hier, par quatre députés chargés de me la présenter, je déclare : Qu'ayant été pourvu par l'autorité de l'Église, de l'archevéché de Besançon, je ne puis en être dépouillé que par une démission volontaire que ma conscience ne me permet pas de donner, ou par une déposition canonique, qu'avec l'aide du Ciel je ne mériterai jamais.

Il faut bien cependant que je cède à la force ; et jeudi prochain je ne serai plus dans ce palais archiépiscopal. Je prie Dieu qu'il répande ses bénédictions sur un diocèse qui sera toujours cher à mon cœur, et dont je ne cesserai jamais d'être le premier Pasteur qu'au moment où je cesserai de vivre. Je suis avec respect, Messieurs, votre très humble et très obéissant serviteur. — Signé † R, arch. de Besançon.

Pour copie conforme,

Besançon, le 16 mai 1875.

† Césaire, card. arch. de Besançon.

N° XVI (Page 160).

MANDEMENTS DE Mgr DE DURFORT

ARCHEVÊQUE DE BESANÇON

Note fournie par M. Jules Gauthier, Archiviste du département du Doubs

1er Janvier 1775, Besançon, pour le Carême de 1775, in-4°, 7 pag.

20 Janvier 1775, Paris, au sujet de sa prise de possession, in-4°, 7 pag.

23 Juin 1775, Besançon, au sujet du couronnement du Roi, in-4°, 7 pag.

24 Janvier 1776, Besançon, pour le Carême de 1776, in-4°, 8 pag.

8 Janvier 1777, Paris, pour le Carême de 1777, in-4°, 8 pag.

14 Avril 1777, Besançon, quête pour la Terre Sainte, in-4°, 3 pag.

12 Janvier 1778, Besançon, pour le Carême de 1778, in-4°, 10 pag.

24 Septembre 1778, Besançon, au sujet de la grossesse de la Reine, in-4°, 4 pag.

28 Décembre 1778, Besançon, naissance de Madame, in-4°, 4 pag.

7 Janvier 1779, Besançon, pour le Carême de 1779, in-4°, 6 pag.

23 Septembre 1779, Besançon, succès en Afrique et Amérique, in-4°, 4 pag.

5 Janvier 1780, Besançon, pour le Carême de 1780, in-4°, 8 pag.

24 Janvier 1781, Besançon, pour le Carême de 1781, in-4°, 8 pag.

16 Juillet 1781, Besançon, grossesse de la Reine, in-4°, 4 pag.

14 Novembre 1781, Besançon, naissance du Dauphin, in-4°, 6 pag.

6 Décembre 1781, Gy, avantages sur les emplois en Amérique, in-4°, 4 pag.

1er Janvier 1782, Besançon, pour le Carême de 1782, in-4°, 7 pag.

5 Mars 1782, Besançon, quête pour le Liban, in-4°, 1 pag.

20 Janvier 1783, Besançon, pour le Carême de 1783, in-4°, 8 pag.

14 Décembre 1783, Besançon, pour remercier de la Paix, in-4°, 4 pag.

30 Décembre 1783, Besançon, pour le Carême de 1784, in-4°, 8 pag.

10 Décembre 1784, Besançon, grossesse de la Reine, in-4°, 3 pag.

29 Décembre 1784, Besançon, pour le Carême de 1785, in-4°, 8 pag.

29 Décembre 1785, Besançon, pour le Carême de 1786, in-4°, 10 pag.

17 Mai 1786, Besançon, suppression de 99 fêtes, in-4°, 29 pag.

19 Mai 1786, Besançon, grossesse de la Reine, in-4°, 3 pag.

29 Décembre 1787, Besançon, pour le Carême de 1787, in-4°, 14 pag.

29 Décembre 1788, Besançon, pour le Carême de 1788, in-4°, 12 pag.

29 Décembre 1789, Besançon, pour le Carême de 1789, in-4°, 9 pag.

13 Mai 1789, Besançon, Prières pour les Etats Généraux, in-4°, 3 pag.

Décembre 1789, Besançon, Prières pour les troubles du royaume, in-4°, 3 pag.

Sans date (avant 1781). Observations de Mɡʳ l'archevêque de Besançon pour faciliter à Messieurs les curés du diocèse les moyens de procurer aux personnes pauvres de leurs Paroisses les dispenses des empêchements de mariage que Monseigneur l'archevêque peut accorder en vertu d'un Indult émanant du Saint-Siège, in-4°, 14 pag. Impr. J. M. Couché.

APPENDICE

EXTRAIT DU PROCÈS-VERBAL

DES Obsèques de Mgr de Durfort, a Besançon,
le 13 mai 1868.

*(Notes et Pièces justificatives faisant suite à l'Oraison funèbre par
M. l'Abbé Besson, mort Évêque de Nimes).*

Mgr Matthieu, cardinal-archevêque de Besançon, ayant
résolu de ramener dans sa métropole les restes de Mgr de
Durfort, s'adressa au gouvernement français et au gouvernement suisse pour obtenir les autorisations nécessaires.
MM. les magistrats de Soleure se rendirent avec empressement à ses pieux désirs, et notre ministre des cultes, après
avoir pris les ordres de l'empereur, et sur sa signature,
accéda à la demande de la manière la plus formelle et la plus
gracieuse. Non seulement le gouvernement français autorisa le prélat à inhumer son illustre prédécesseur dans les
caveaux de Saint-Jean, mais il reconnut que Mgr de Durfort
était mort archevêque de Besançon, dans l'exercice de ses
fonctions et sur le territoire de sa métropole, et qu'il avait
droit à tous les honneurs que l'on rend à la dignité archiépiscopale. Des mesures furent concertées en conséquence,
entre S. Exc. M. le ministre de la guerre et S. Exc. M. le
ministre de la justice et des cultes. La cérémonie de la translation fut fixée au mercredi 13 mai, à l'issue de la retraite
ecclésiastique prêchée par M. l'abbé Cortet, vicaire général
de La Rochelle.

M. l'abbé Perrin, vicaire général du diocèse de Besançon, et M. l'abbé Ruchstuhl, chanoine de la métropole, secrétaire général de l'archevêché, s'étaient rendus à Soleure dès
la semaine précédente, pour recevoir la dépouille mortelle

de Mgr de Durfort. Ce corps vénérable reposait depuis le 22 mars 1792 dans la chapelle du collège. Le cercueil, ouvert en présence de Mgr l'évêque de Bâle, des magistrats de la cité et des délégués de Besançon, a montré le saint prélat revêtu de ses habits pontificaux. ayant la mître en tête, la croix sur la poitrine, l'anneau à la main et les sandales aux pieds. Après les vérifications d'usage, des vêpres solennelles ont été chantées dans l'église qui conservait ce précieux dépôt.; le cercueil de Mgr de Durfort a été exposé à la vénération publique, et le chapitre de la cathédrale, les prêtres, les fidèles, sont allés jusqu'au soir prier devant lui. C'était la dernière visite et comme les adieux de la ville de Soleure, gardienne fidèle de ces cendres bénies. Le lundi 11 mai, le corps a été transporté à la cathédrale et une messe solennelle a été célébrée pontificalement, au milieu du concours de toute la ville, par Mgr Eugène Lachat, évêque de Bâle, entouré des dignitaires de son église et du chapitre de Saint-Urs. Après la messe, M. l'abbé Perrin, vicaire général de Besançon, s'adressant du haut du jubé à Mgr l'évêque de Bâle, au chapitre et aux magistrats de la cité, exprima, au nom et par l'ordre de S Em. Mgr le cardinal-archevêque, les motifs de cette translation, la reconnaissance de notre Eglise pour le clergé et le peuple de Soleure, et les remerciements particuliers de MM. les délégués de Besançon, pour l'accueil si respectueux et si sympathique fait à leur personne et les facilités données à leur mission. M. le chanoine Fiala traduisit ensuite ce discours en langue allemande. Il convient d'ajouter ici que Mgr Matthieu, suivant l'exemple de Mgr de Durfort, qui avait donné de riches ornements à la collégiale de Soleure, voulut laisser aussi à cette antique et illustre église des marques de sa munificence. MM. les députés de Besançon avaient donc été chargés de remettre au chapitre une chapelle en vermeil, dont le travail n'est pas moins précieux que la matière. Le prévot de la cathédrale la reçut de leurs mains et leur en témoigna toute sa satisfaction. Les sentiments qui animaient la république de Soleure à l'arrivée du confesseur de Besançon sont encore les mêmes à son départ. Depuis soixante-seize ans qu'il veille sur cette tombe, le noble et généreux Etat s'était accoutumé à regarder Mgr de

Durfort comme une de ses plus chères reliques En se faisant
un devoir de rendre un père aux enfants qui le réclamaient,
il s'est fait un nouvel honneur et un nouveau titre de reconnaissance aux yeux du diocèse de Besançon, par l'expression
touchante et unanime des regrets qui ont accompagné le
pontife, et de la pieuse tristesse avec laquelle tout le clergé
et le peuple l'a vu s'éloigner de ces murs hospitaliers.

Mgr l'évêque de Bâle, chargé de ce saint dépôt, a voulu le
remettre de ses propres mains à Mgr le cardinal-archevêque
de Besançon. Il partit de Soleure accompagné de M. le chanoine Girardin, protonotaire apostolique, doyen du chapitre,
et de MM. les délégués de notre église métropolitaine. Le
convoi arriva dans notre ville le 11 mai, à 10 heures et demie
du soir, et le corps de Mgr de Durfort fut aussitôt conduit
dans l'église paroissiale de Saint-Martin, aux Chaprais, banlieue de Besançon, où il demeura en chapelle ardente toute
la journée du lendemain. Ce fut pour les fidèles l'objet d'un
pieux pélerinage, et l'empressement de la population commença à se manifester autour du saint confesseur de la foi.

Le 13 mai, Mgr le cardinal archevêque, assisté du clergé de
la métropole, alla, dès 6 heures du matin, faire dans l'Eglise
de Saint-Martin la levée du corps et l'amena processionnellement à la porte de Battant. Le cortège, formé en haut de
la ville, parcourut à pas lents la rue Battant, le pont et toute
la Grande-Rue, au bruit du canon de la citadelle, au son
des cloches de toutes les paroisses de la ville et au milieu
de la musique militaire, qui alternait avec le chant des psau-
mes. La haie était formée, sur tout le parcours de la procession, par un bataillon d'infanterie, une compagnie de pom-
piers et deux batteries d'artillerie. La procession était ouverte
par la croix métropolitaine, suivie de la maîtrise. Puis,
venaient deux dominicains du couvent de Dijon et les RR.
PP. capucins du couvent de Besançon. Le clergé séculier,
en habit de chœur, se composait de plus de sept cents personnes, nombre de prêtres du diocèse de Saint-Claude étant
venus spontanément se joindre à leurs confrères de Besançon, pour rendre ce dernier et touchant hommage à Mgr de
Durfort. MM. les curés de la ville, précédés de la croix de
leur paroisse, MM. les missionnaires d'Ecole-Beaupré, MM.

les directeurs du séminaire de Besançon et le chapitre métropolitain terminaient le cortège sacerdotal. On voyait ensuite NN. SS les évêques, en chape violette et en mître blanche, accompagnés de leurs vicaires généraux : c'étaient, selon la date de leur sacre, NN. SS. de Marguerye, évêque d'Autun ; Ræss, évêque de Strasbourg ; Marelley, évêque de Lausanne ; Caverot, évêque de Saint-Dié; Guerrin, évêque de Langres ; Nogret, évêque de Saint-Claude ; Lachat, évêque de Bâle ; Hacquard, évêque de Verdun, et Foulon, évêque de Nancy. De Benoit Michel, abbé de la Grâce-Dieu, n'ayant pu se rendre à la cérémonie, avait envoyé les insignes de sa dignité pour y représenter son monastère.

Mgr le cardinal archevêque de Besançon, accompagné de ses archidiacres et suivi de ses chapelains, la mître en tête, fermait cette marche imposante et menait son illustre prédécesseur au milieu du triomphe que sa piété filiale lui avait préparé.

Le char funèbre qui portait le corps de Mgr de Durfort ressemblait, en effet, à un char de triomphe. Trainé par quatre chevaux caparaçonnés de violet et de noir, que des valets de pied tenaient à la main, il était surmonté de panaches blancs et d'un riche dais à crépines d'or. On avait couvert le cercueil d'un drap violet, rehaussé par les armes du prélat, et orné d'une croix amarante. L'épée de l'empire était portée en avant du char. Autour apparaissaient les autres insignes, la croix archiépiscopale, la crosse, la mitre, le bougeoir, tous couverts d'un crêpe. Mgr de Durfort rentra ainsi dans sa ville métropolitaine au milieu du plus magnifique appareil. La province tout entière avait voulu, ce semble, jouir de ce spectacle. Besançon était rempli, dès la veille, d'une foule immense, qui, mêlée aux habitants de la cité, se pressait partout où l'on pouvait apercevoir et suivre le cortège. Les rues, les places publiques, les fenêtres de toutes les maisons et de tous les étages, étaient garnies de spectateurs, dont l'attitude, recueillie bien plus que curieuse, a singulièrement frappé tous les regards et ému tous les cœurs. Chacun sentait que Besançon remplissait un grand devoir, parce qu'il réparait un grande injustice.

Les autorités civiles, militaires et judiciaires, réunies à

l'hôtel de ville, entrèrent dans le cortège sur la place Saint-Pierre, et prirent place à la suite du char. A leur tête marchaient M. le général Douai, commandant la 7° division militaire, revêtu du grand cordon de Pie IX ; M. d'Arnoux, préfet du Doubs ; M. Proudhon, maire de Besançon ; M. le général de Cheffontaine, commandant le département, et M. le général Malherbe, commandant l'artillerie.

Venaient ensuite la Cour impériale, en robes rouges, représentée par une députation composée de M. Alviset, président de chambre, de trois conseillers et d'un membre du parquet; le tribunal de première instance, le tribunal de commerce, le corps des officiers de la garnison, le conseil de préfecture, le conseil municipal, l'université en grand costume et l'académie des sciences, belles-lettres et arts de Besançon, conduite par M. le conseiller Jeannez, son président annuel et M. Pérennès son secrétaire perpétuel. Citons encore M. l'intendant militaire, M. Boysson d'Ecole, trésorier payeur général, les directeurs ou les représentants de l'administration des forêts, des contributions directes et indirectes, des postes, des télégraphes et de tous les services municipaux. M. le procureur général Blanc, M. Poignand, premier avocat général, et plusieurs autres magistrats, étaient en habit de ville. La gendarmerie à cheval était à la tête et à la fin de la procession, et six pièces de canon, sans caissons, en terminaient la marche.

Le cortège, ainsi composé, entra à la métropole à 8 heures et demie. Toute la basilique était tendue de draperies noires; mais le catafalque, dressé dans le chœur, couvert de candélabres, entouré de lustres et d'urnes funéraires d'où s'échappaient de grandes flammes, jetait un vif éclat. Nos seigneurs les évêques et les principales autorités prirent place autour de l'autel, le corps des officiers à gauche en haut de la grande nef ; la cour, les tribunaux, l'université, l'académie et les autres fonctionnaires, à droite. Le clergé en surplis occupait le bas de la grande nef, la petite nef de gauche et toutes les chapelles. La nef de droite, les tribunes, la chapelle du Saint-Suaire, les sacristies, tous les passages qui conduisent à la métropole, étaient remplis par les fidèles, et cette foule attentive, respectueuse et sympathique, dépassait, dit-on, 5,000 personnes.

La messe, célébrée pontificalement par Mgr le cardinal archevêque, entouré de son chapitre, a été chantée en musique, et l'oraison funèbre du prélat a été prononcée après l'évangile.

La messe achevée, les cinq absoutes d'usage ont été faites par Mgr l'évêque d'Autun, Mgr l'évêque de Lausanne, Mgr l'évêque de Bâle, Mgr l'évêque de Saint-Dié et enfin par S. Em. le cardinal archevêque. Le canon de la citadelle et toutes les cloches de la ville ont accompagné les prières de l'absoute.

Le lendemain, après l'office de vêpres, le corps de Mgr de Durfort a été porté dans la crypte qui s'étend sous le sanctuaire et qui est destinée à la sépulture de Nosseigneurs les archevêques de Besançon. Là reposent NN. SS. Lecoz † 1815 ; De Villefrancon † 1828 ; De Rohan † 1833 ; Dubourg † 1833 ; (De Pressigny † 1823 a été enterré à Paris dans l'église de Saint-Roch).

Mgr le cardinal archevêque de Besançon a offert le soir un dîner aux évêques et aux principales autorités de la ville. Après le chant des couplets qui avaient été composés pour la circonstance, Son Eminence a prié Mgr l'évêque de Lausanne et Mgr l'évêque de Bâle d'accepter chacun un anneau, en souvenir de l'ancienne alliance de leur siège avec notre Eglise métropolitaine, et des bons offices que ces deux églises lui avaient rendus ; celle de Lausanne pour avoir accueilli Mgr de Durfort en 1792, avec tant d'honneurs ; et celle de Bâle pour nous avoir rendu, en 1868, le corps de ce grand prélat avec tant de générosité.

Mgr l'évêque de Lausanne a répondu, avec beaucoup d'à-propos et de distinction, que les prêtres franc-courtois avaient payé, comme il convenait, l'hospitalité qu'ils avaient reçue en Suisse pendant la Révolution, en faisant apprécier, par leur conduite, la foi dont ils étaient les confesseurs. Il a bien voulu rappeler aussi que, dans les jours de son exil, le diocèse de Besançon lui avait témoigné de grandes sympathies et que Mgr l'archevêque lui avait offert un asile dans son séminaire ; il a terminé par les vœux les plus touchants pour l'Eglise de Besançon, en souhaitant à Mgr le cardinal archevêque, gloire, santé et bonheur.

TABLE DES MATIÈRES

CHAPITRE PREMIER

CHAPITRE II

CHAPITRE IX

PIÈCES JUSTIFICATIVES

APPENDICE

ERRATA

—

Page 24 ligne 15 au lieu de Beauveau lisez Beauvau

»	33	»	7	»	lu	» lui
»	83	»	29	»	VIII	» XIII
»	108	»	28	»	VII	» XIII
»	113	»	12	»	Bénédictions	» Bénédiction
»	149	»	33	»	XIV	» XV

Montpellier. — Imprimerie CHARLES BOEHM.

OUVRAGES DU MÊME AUTEUR

Histoire de la ville de Malaucéne et de son territoire, en collaboration de M. Alfred Saurel, *ornée de cartes, plans, vues et armoiries*, 2 vol. in 8°. — Marseille, 1882-1883.............. Prix : **24** fr.

Abrégé de l'Histoire de Malaucéne, 2e édition, 1 vol. in-8°. — Montpellier, 1885............... .... Prix : **3** fr.
Et 1 vol. in-12. — Paris, 1885............... Prix : **1** fr. **50**

Aeria ; Recherches sur son emplacement, 1 vol. in-8°. — Montpellier, 1885............... •............... Prix : **2** fr.

Clairier ; véritable emplacement d'Aeria, 1 vol. in-8°. — Montpellier, 1887............... Prix : **1** fr. **50**

L'Evêque François-Renaud de Villeneufve (Extrait des *Mém. de l'Acad. des Scienc. et Lett. de Montpellier*, section des Lettres, 1re sér.) tom. VIII, 1888-89), 1 vol. in-4°. — Montpellier, 1889. (*Epuisé*,

Vie de Mgr de Villeneufve, Evêque de Viviers et de Montpellier, 1 vol. in-8°. — Montpellier, 1889......... Prix : **1** fr. **50**

Episodes de Chouannerie. Les Brigands royaux dans l'Hérault et autres départements du Midi, sous la République et le Consulat, d'après les documents originaux inédits. (Extrait des *Mém. de l'Acad. des Scienc. et Lett. de Montpellier*, section des Lettres, 2e série, tom. 1er, no 3), 1 vol. — Montpellier, 1893............... Prix : **5** fr..

Un sanglant épisode sous la Terreur, à Montpellier : L'affaire des Galettes Extrait du *Congrès de la Société Bibliographique*, tenu à Montpellier en février 1895. — Montpellier, 1895..... Prix : **1** fr.

Marie-Nicolas Fournier, Evêque de Montpellier, baron de La Contamine, surnommé « le Père des pauvres ». (Extrait des *Mém. de l'Acad. des Scienc. et Lett. de Montpellier*, section des Lettres, 1re série, tom. IX, fascicules 2, 3 et 4), 1 vol. in-4°.— Montpellier, 1892............... Prix : **10** fr.

Histoire religieuse du département de l'Hérault pendant la Révolution, le Consulat et les premières années de l'Empire, 4 vol. in-8°. — Montpellier, 1895............... Prix : **20** fr.

Pour paraître prochainement :

Antoine Subjet, Évêque de Montpellier, surnommé le « Bon Pasteur ».

MONTPELLIER. — IMPRIMERIE CHARLES BOEHM